超解

話し方ひとつで面白いほど仕事がうまくいく本

人材育成コンサルタント
堀内裕一朗

あさ出版

はじめに

■話し方が変わると人生が変わる

私は、ＭＢＡや心理カウンセラーの資格保持者として、これまで１０００人を超える経営者やリーダーの方々に、話し方を指導してきました。その大半は、上場企業の経営者や中小企業の役員、士業など第一線で活躍する方です。

すでに一定の成功を収めた方が、なぜ改めて話し方を学ぶのでしょうか。それは、**話し方が変わると人が動いてくれる**ことを、過去の経験で知っているからです。話し方・伝え方によって、周囲の人の動きは変わり、仕事の結果も変わってきます。

話す相手は「人」ですから、話し方を変えると、人間関係も変わります。特に、人を動かし、人を育てるのが仕事の経営者やリーダーにとって、話が正しく伝わらないことによるトラブルを避けられるのは、非常に大きいと思います。実際、「話し方を変えたことで人生まで変わった」と喜びの報告をしてくれる生徒も珍しくありません。

■序論・本論・序論であがらず話せる、会話が続く

本書には、人に動いてもらえる話し方の基本から、しっかり身に付けるためのトレーニング法まで書かれています。

たとえば、人前に出るとあがって話がうまくできなければ、思いが伝わらず、なかなか周囲に動いてもらえません。そこで、あがる原因を心理面から分析し、その克服方法まで解説しています。その他、さまざまな話し方の具体的な訓練方法を各章末に掲載していますので、参考にしてみてください。

特に覚えていただきたい重要なポイントは、**「序論・本論・序論」**のテクニックです。序論で本論へつなぎ、本論で一番伝えたいことを伝え、最後の序論でもう一度、本論を要約して締めくくる形です。

この方程式を一度、身に付ければ、原稿を暗記しなくても何分でもスピーチができ、いつでも、どこでも、あがらずに話せ、相手に動いてもらうことができます。

本書が、あなたの人生を変える一助になれば幸いです。

2016年11月

堀内　裕一朗

論・序論」の型

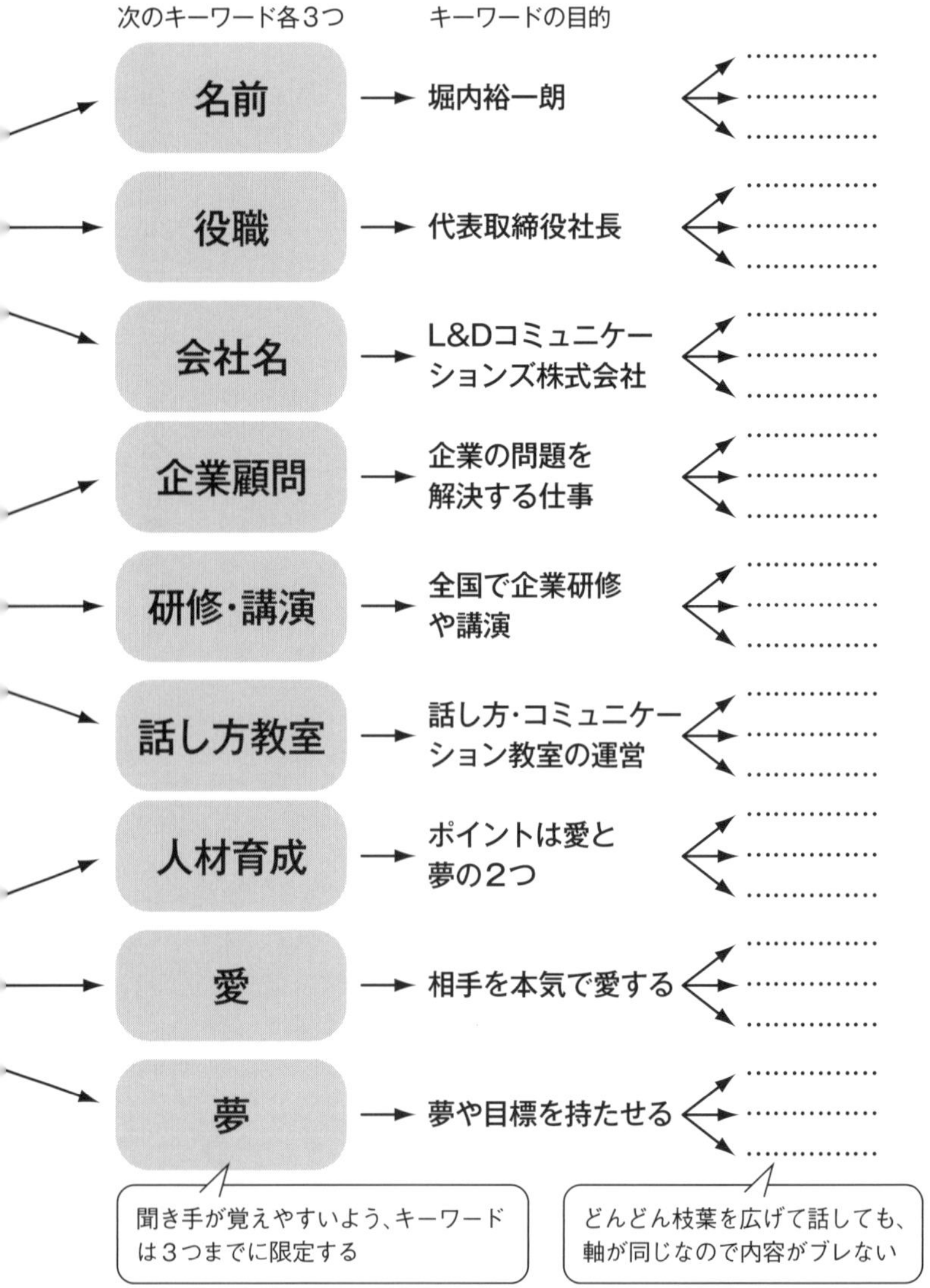
次のキーワード各3つ
キーワードの目的
名前
堀内裕一朗
役職
代表取締役社長
会社名
L&Dコミュニケーションズ株式会社
企業顧問
企業の問題を解決する仕事
研修・講演
全国で企業研修や講演
話し方教室
話し方・コミュニケーション教室の運営
人材育成
ポイントは愛と夢の2つ
愛
相手を本気で愛する
夢
夢や目標を持たせる
聞き手が覚えやすいよう、キーワードは3つまでに限定する
どんどん枝葉を広げて話しても、軸が同じなので内容がブレない

軸がぶれずに何時間でも話せる「序論・本

序論・本論・序論とは、起承転結のような文章（話）の構成のことです。一般には序論・本論の次は結論ですが、本書では最後に伝えることを冒頭で話しても、よいスピーチになるように解説している関係で、最初も最後も序論としています。

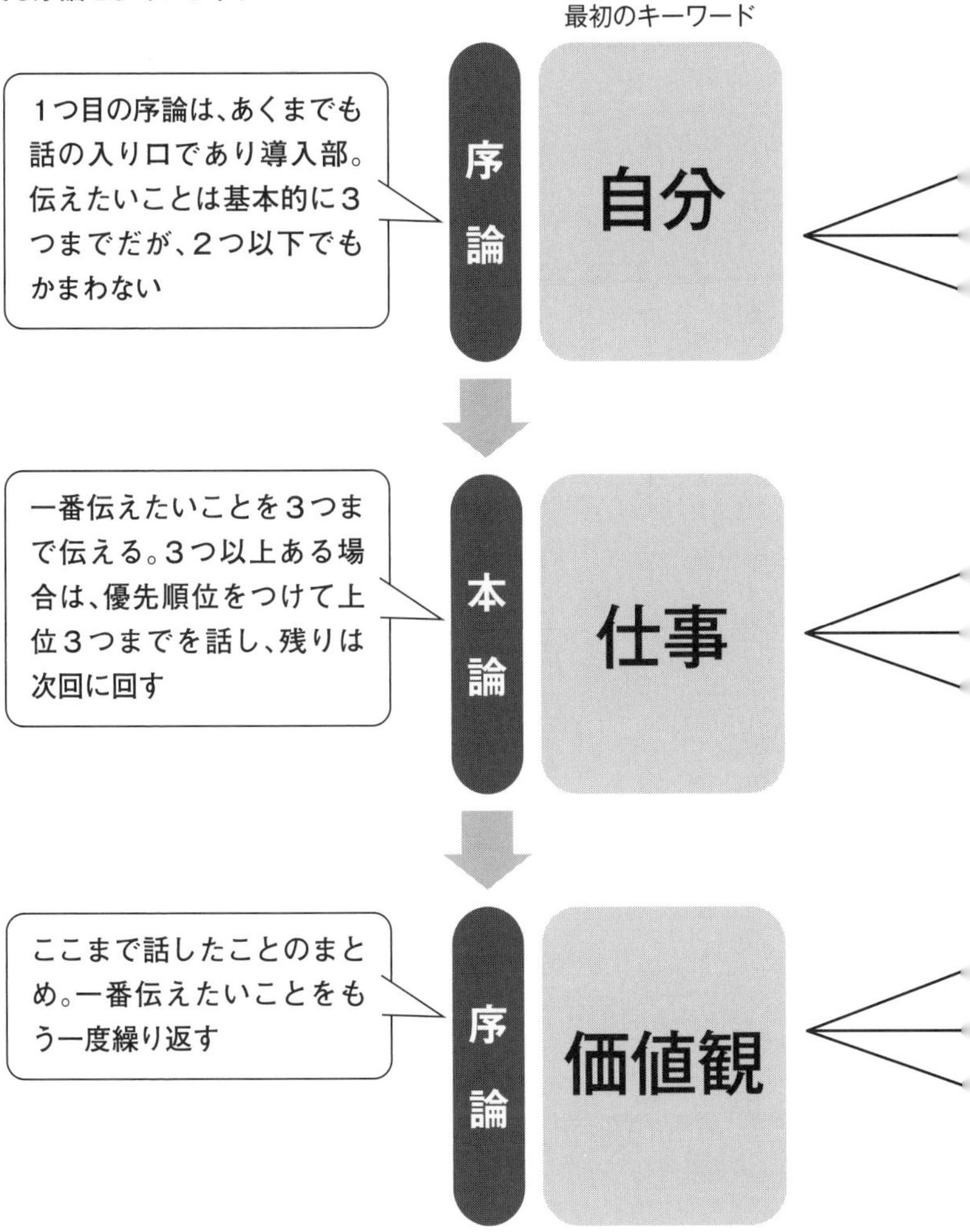

最初のキーワード
1つ目の序論は、あくまでも話の入り口であり導入部。伝えたいことは基本的に3つまでだが、2つ以下でもかまわない
序論
自分
一番伝えたいことを3つまで伝える。3つ以上ある場合は、優先順位をつけて上位3つまでを話し、残りは次回に回す
本論
仕事
ここまで話したことのまとめ。一番伝えたいことをもう一度繰り返す
序論
価値観

第3章 人に動いてもらえる伝え方

第4章 本番で成果を出すプロの話し方

第5章 話し方が変わればコミュニケーションも変わる

本文イラスト／シマダ イサオ　画像提供／123RF

第 1 章

ビジネスで成功する話し方の基本を押さえる

そもそも「話す」とはどういうことか

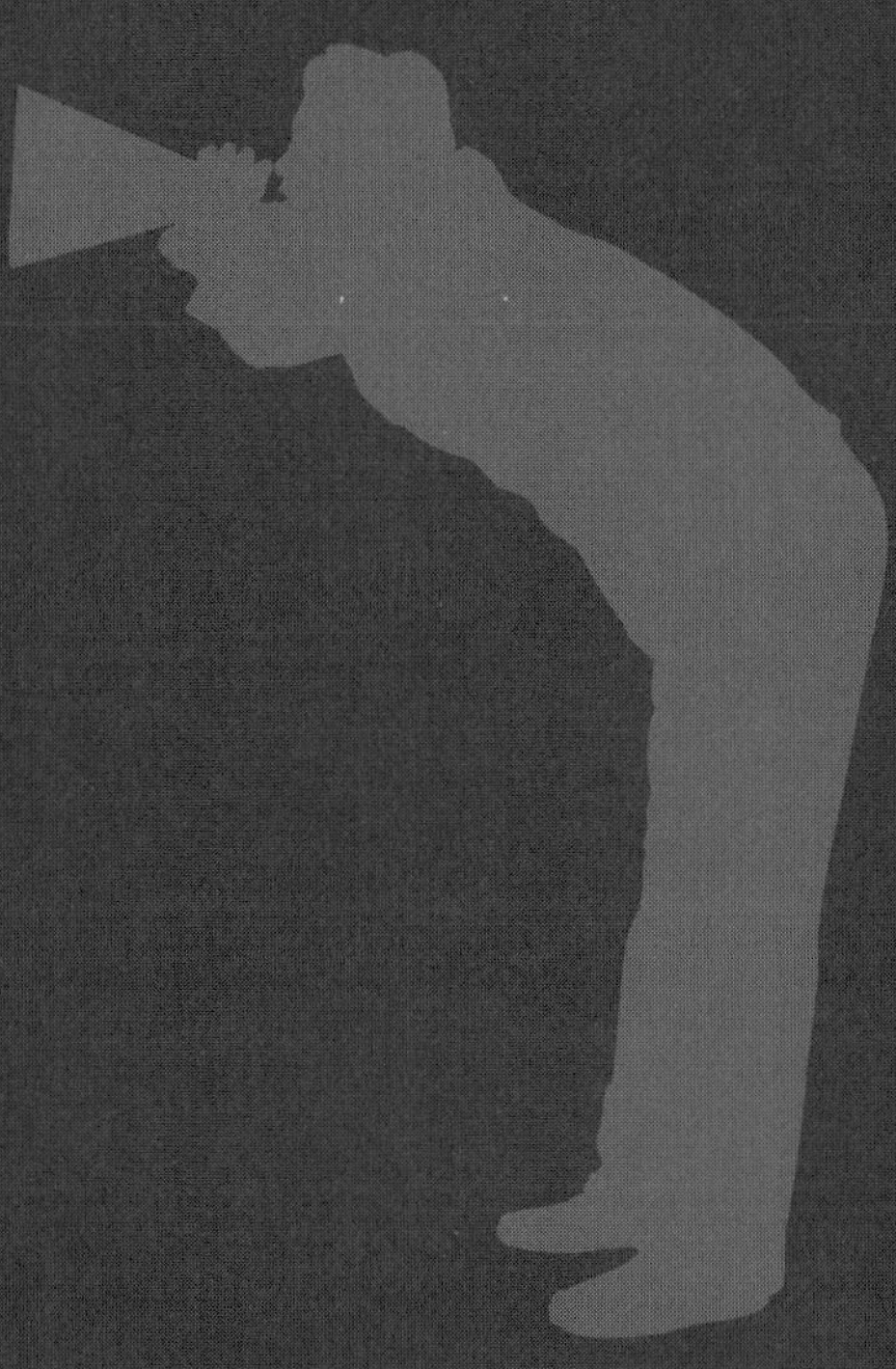

人に動いてもらえる話し方の基本型

■型を身に付ければあがらず話せる

スピーチは自己流でやるとなかなかうまくいきません。武道やお茶の世界にも型があるように、スピーチにも型があります。この型を身に付けることにより、人前であがらず、気持ちよくスピーチをすることができるようになります。

スピーチ原稿などの文章では、「起」「承」「転」「結」という型がありますが、スピーチは、「序論」「本論」「序論」の3つで構成されます。

■序論・本論・序論の型を覚える

1つ目の序論は、スピーチの入り口であり、今から何を話すか紹介する導入部です。伝えたい目的は3つまでとしますが、1つや2つでも問題ありません。あくまでも、スムーズに本論につなげていくのが目的です。

本論では、スピーチの中で一番伝えたい項目を3つ考えてください。4つ以上ある場合は、優先順位をつけて捨てる勇気を持って、伝えたい順にスムーズな展開のストーリーを考えます。

最後の**序論**では、ここまで伝えてきた内容の総まとめとして、一番伝えたいことをもう一度、繰り返します。ラストを感謝の言葉で締めれば、最高のスピーチになります。

序論・本論の次は結論がくるのが一般的ですが、最後に序論がきても、本論が伝わりやすく、よいスピーチになるため、本書では最後も序論としています。

■スピーチは「序論・本論・序論」の型でストーリー作り

序論	本論（目的）	序論（結論）
「今回のキャンペーンは、何がなんでも達成させてほしい。今まで努力してきた成果を出し切ろう」	「このキャンペーンは、私たちのためにやろう。自分たちで、ボーナス資金を勝ち取るんだ」「また、キャンペーンを成功させることにより、協力会社にも恩返しができる」	「いつもと同じようにすれば、キャンペーンは成功する。自分たちで、ボーナス資金を勝ち取ろう」

一番伝えたいことは本論で伝える

■3つを上限に目的を入れる

序論・本論・序論の型では、本当に伝えたい**目的は3つまで**、というルールがあります。人間が楽に覚えられる数は、3つくらいだからです。つまり、話し手はもちろん、聞き手側も3つだと覚えやすいのです。

また、話の軸がわかりやすく、脱線しても修正しやすいのも利点。たとえ、本番で1つや2つ目的を話し忘れても、軸がしっかりしていれば問題なくスピーチできます。

■文章でなくキーワードで覚える

原稿を暗記すると、感情が伝わらなくなります。文章はあくまでも書き言葉であり、話し言葉ではありません。

そこで、各項目に3つの目的を考え、キーワードだけ覚える癖を付けます。キーワードに関連する話ができるようトレーニングすれば、必ずスピーチの達人になれます。

■丸暗記よりキーワードをつかむ

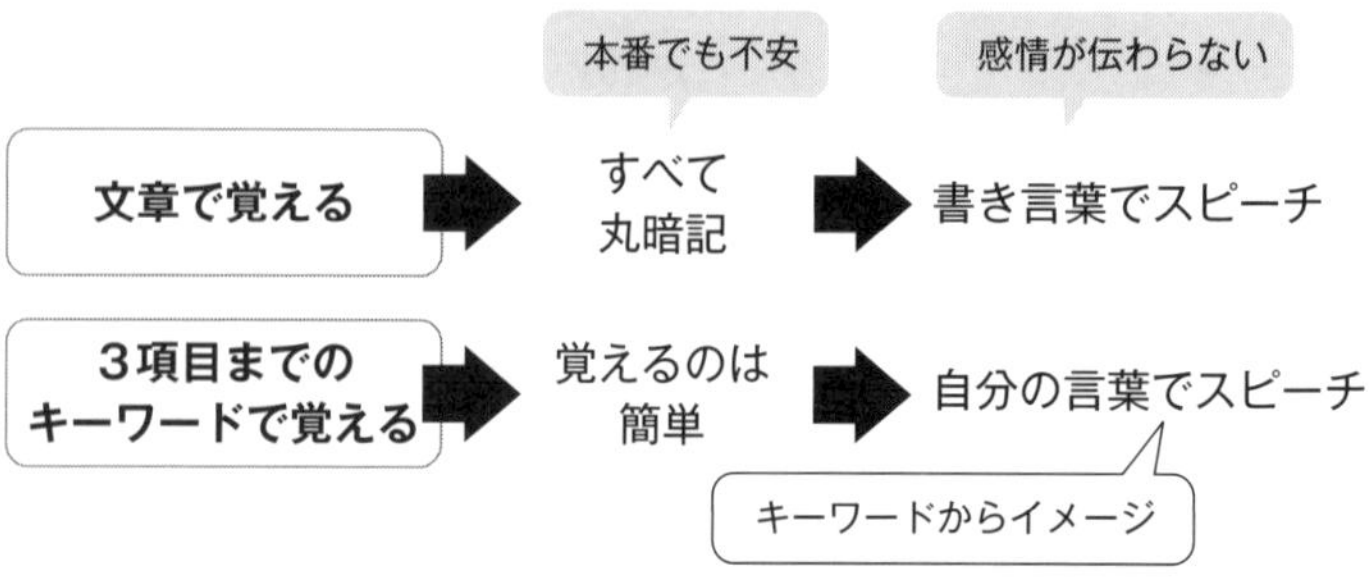

キーワードから話のイメージを引き出す練習をしておく

■魔法の3段スピーチ<社内キャンペーン開始・乾杯の挨拶の例>

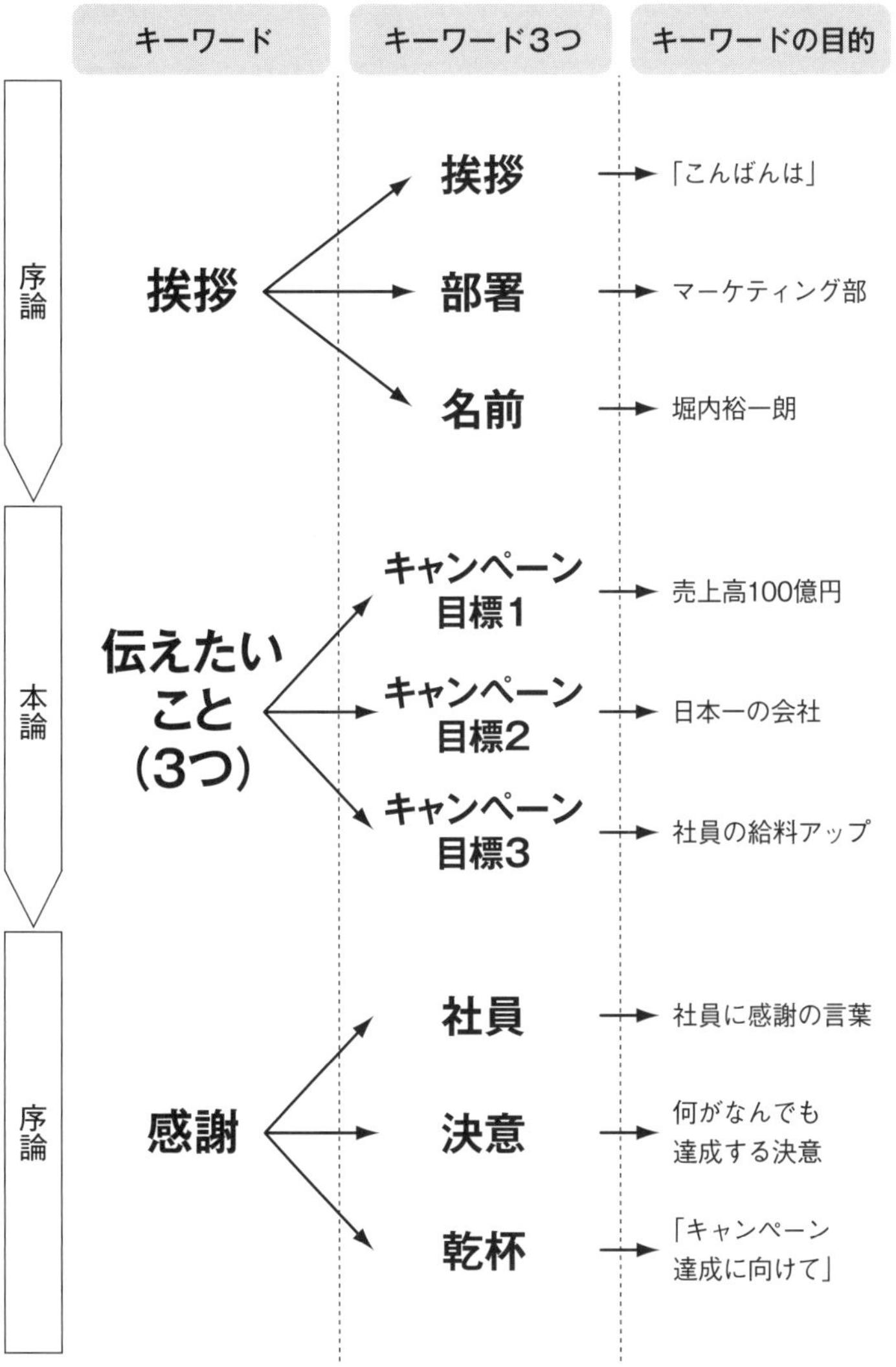

この型を覚えると、何時間でもスピーチできる

会話は後攻を選べば楽になる

■無理をして先攻を選んでいませんか？

目の前に相手がいると、何かを自分から話さなければいけないとか、沈黙の時間が申し訳ないと考え、無理して自分から話をしていませんか？　安心してください。大丈夫です。皆さんそう思っています。

ここで、あなたが話し上手になるコツをお伝えします。

スポーツでもゲームでも、相手がいる時は必ず、先攻後攻があります。

会話でも同じです。

■会話では相手が望む言葉を投げかける

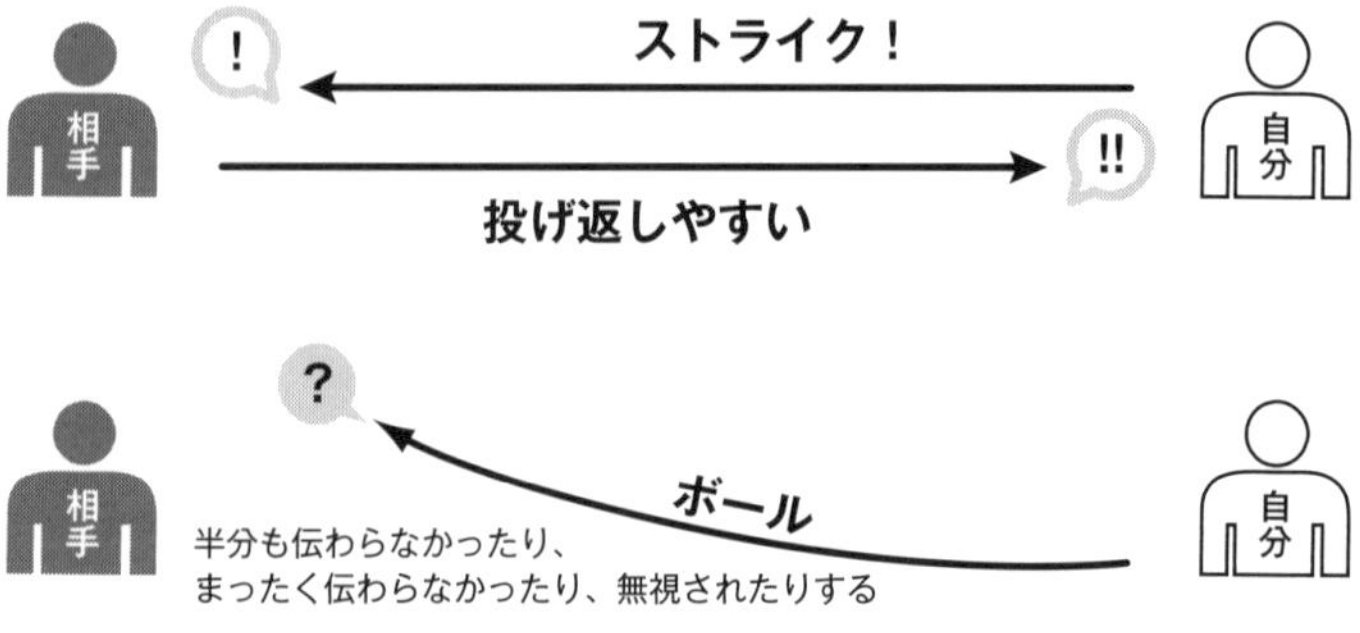

!
ストライク！
相手
!!
自分
投げ返しやすい
?
ボール
相手
自分
半分も伝わらなかったり、
まったく伝わらなかったり、無視されたりする

後攻も選べるのに、無理をして先攻を選んでいませんか？　多くの場合、相手もあなたと同じで先攻を選び、話しかけてきます。ここであなたは、あえて後攻を選ぶのです。これが、コツです。沈黙を恐れないでください。

後攻を選択したあなたは、**聞き上手になればいい**のです。聞き上手になるポイントは、いかに相手に気持ちよく話をさせるかです。次の３つのあいづちを使うことにより、会話にリズムが生まれ、相手は気持ちよくなります。

「へえ～」「ほお～」「なるほど」。これで、決まりです。

このようにうなずいてくれると、先攻した話し手は、５割増しで話しやすくなります。

■会話の後攻ではキーワードを拾う

後攻になったあなたは、いつでも話ができる態勢を作っておく必要があります。相手の話には、必ずキーワードがちりばめられています。どんなキーワードでも拾い、話を

■会話では相手が望む言葉を投げかける

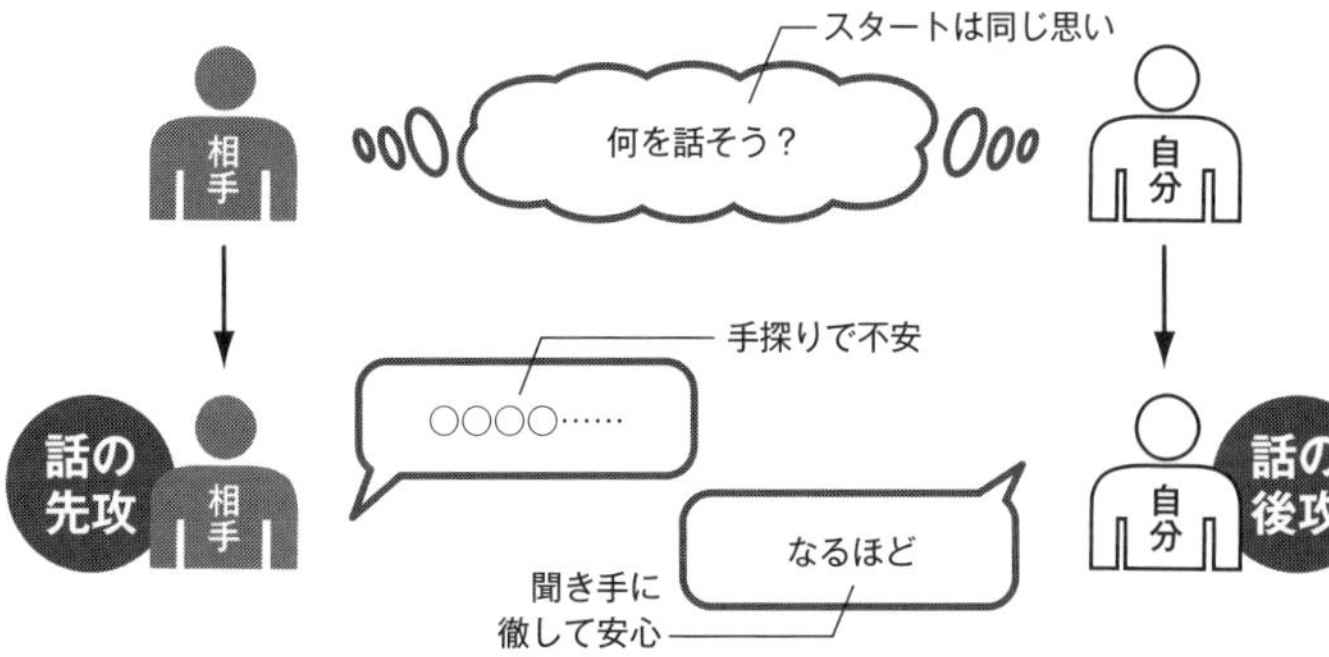

広げるか、深掘りするかを決めることです。

もし、まったく興味のない話なら、**生徒戦略**を使います。要するに、相手から指導してもらうということです。人は基本的に教えるのが好きであり、自分の知識を聞いてもらえるのは、最高にうれしいものです。これであなたは、「話し上手は聞き上手」と言われる立場になります。

■共通点は、神様がくれたチャンス

もし、話を聞いて偶然にも共通点が見つかったら、これはチャンスです。会話が努力感なく続きます。

また、苦手やコンプレックスなどで共通点があれば、相手は、「なんだ、私と同じだな」と思い、双方のパーソナルスペース（他人に近づかれると不快に感じる空間）は急速に近くなり、会話が一気に盛り上がっていきます。

人は、共感されるとうれしくなり、人間関係が深まっていくものなのです。

■興味・関心の程度は共通点の数に比例

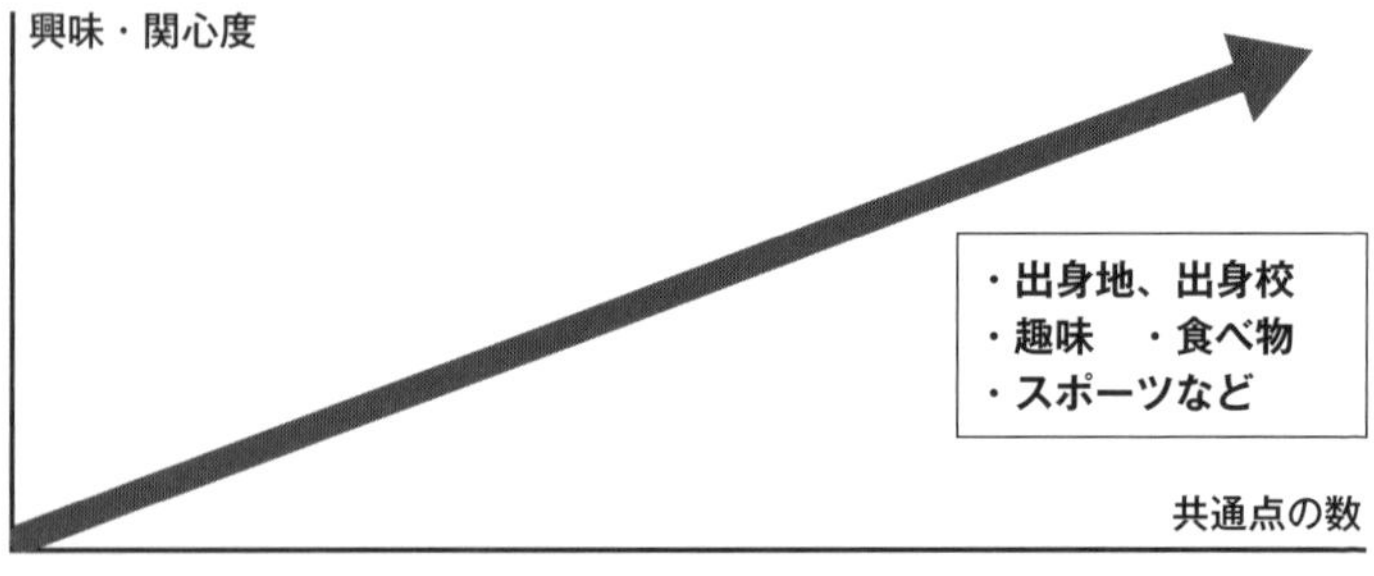
興味・関心度
・出身地、出身校
・趣味　・食べ物
・スポーツなど
共通点の数

共通点で自然と話題が膨らみ、興味・関心が加速する！

■伝達力は目的で変わる

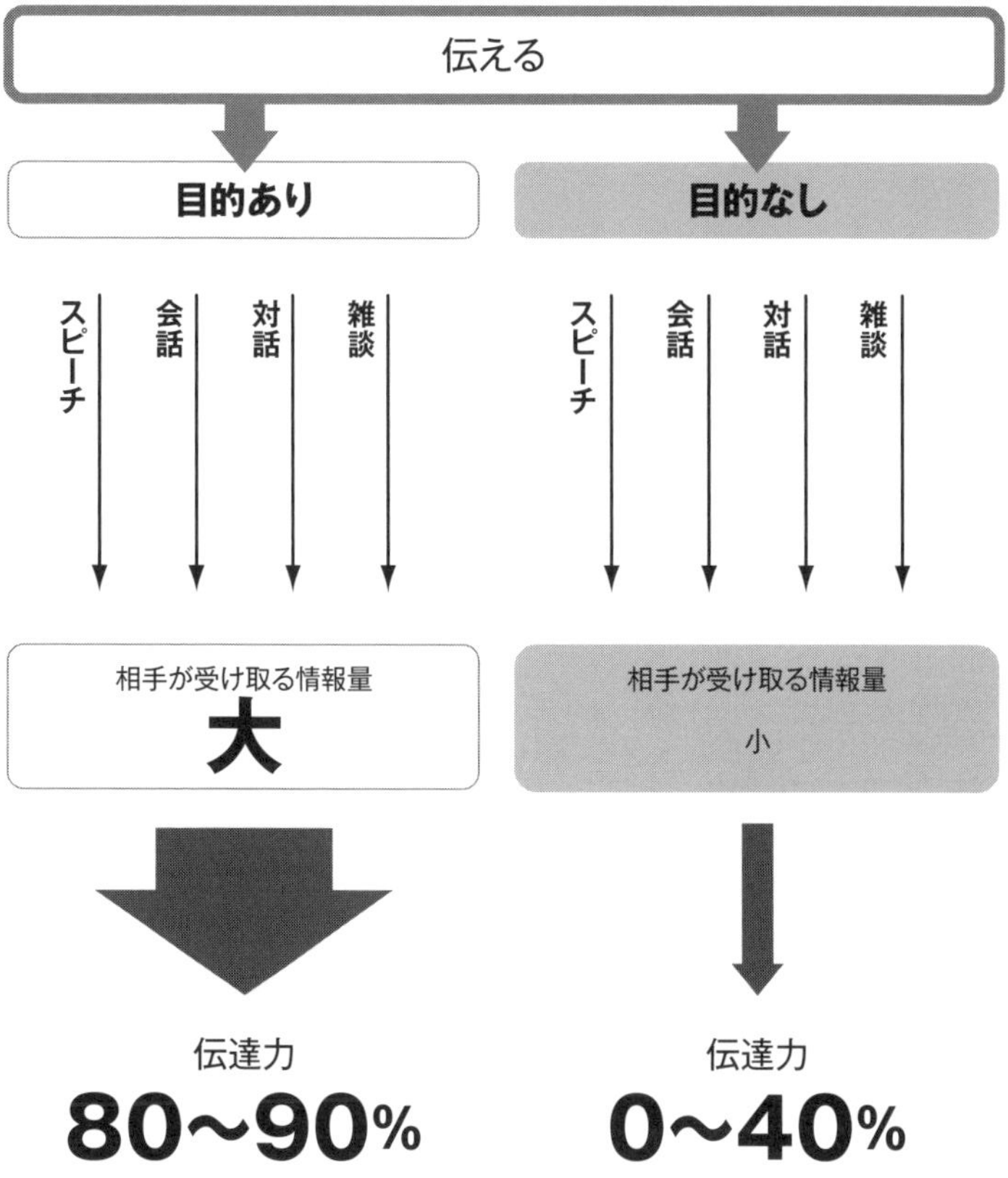

目的を入れる効果

・相手の立場で話ができるようになる
・伝えるべきキーワードがわかりやすい、ポイントがつかみやすい
・長く話さなくても伝わる
・自分の言葉で伝えられる

伝達力は、目的のある・なしで倍以上も違う

話がブレないためにも目的を持つ

■自分のことより相手のことを考える

会話、スピーチ、コミュニケーション、これらのすべては、「話し方」で決まります。

今まで、話し方やスピーチが苦手な人を多く見てきましたが、必ず共通点があります。それは、常に自分が主語になっており、他人からどう見られているかという意識がとても強いことです。

そのため、話している時に「上手にスピーチができているかな」とか、「すごいと思われているかな」などと自分

■話し方で印象まで変わる

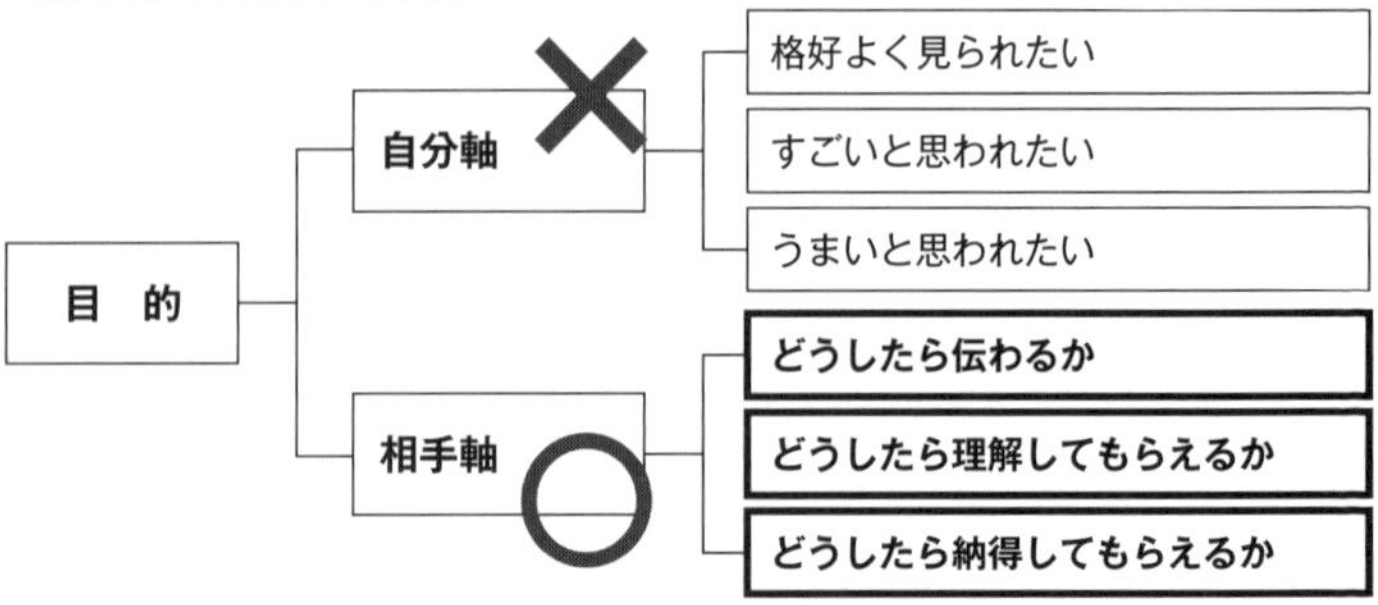

相手のことを考えると「話し上手」になる

のことばかり考えてしまいます。

常に自分の軸で考えて自分を意識しているため、話で伝えたいことがブレてしまうのです。

話の基本で一番大切なのは、相手の軸に立ち、**相手に何を伝えたいか、その目的を持つ**ことです。すべての話に目的を入れることにより、劇的に話の伝わり方が変わります。

■「どんな」を入れて記憶に残る自己紹介に

あなたは、自己紹介をする時に目的を持って話をしたことはありますか？

私はこれまで、多くの経営者やリーダーの方たちを見てきましたが、「仕事ができる！」と思った人は、自己紹介でも間違いなく、目的が入っています。そして、目的を入れることにより、記憶に残る自己紹介にしているのです。

自己紹介のコツは、**「どんな」**を入れることです。どんな会社か、どんな仕事をして、どんなことでお役に立てる

■自己紹介で記憶に残る人・残らない人

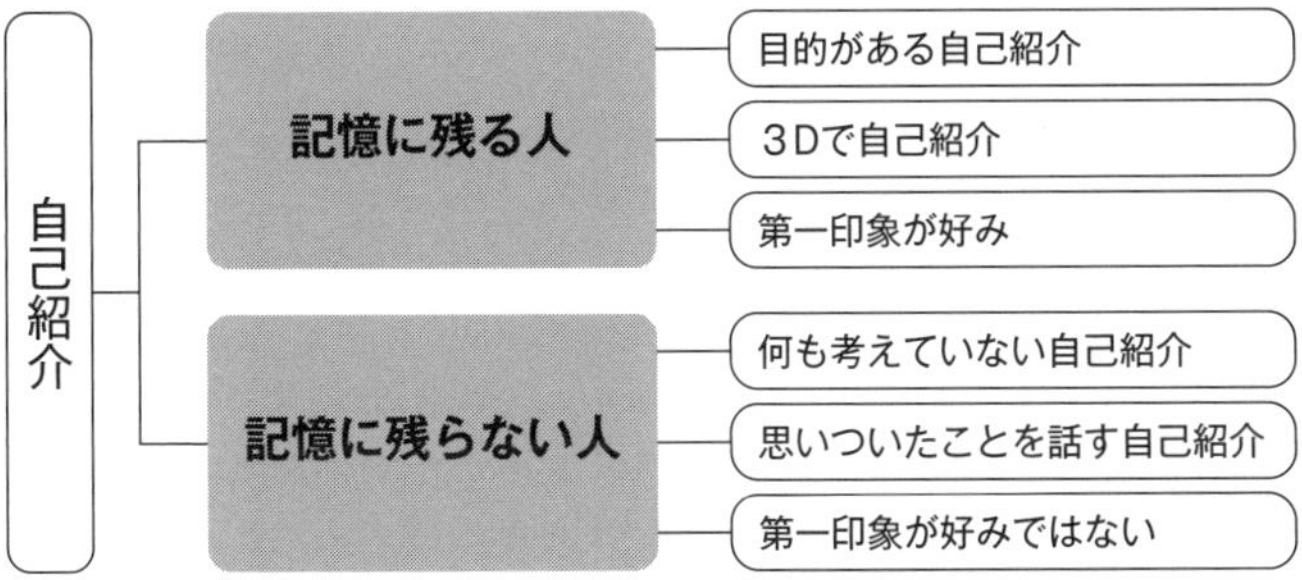
自己紹介
記憶に残る人
目的がある自己紹介
3Dで自己紹介
第一印象が好み
記憶に残らない人
何も考えていない自己紹介
思いついたことを話す自己紹介
第一印象が好みではない

記憶に残る人は、常に準備ができている

か。私はこれを**「自己紹介の3D」**と呼んでいます。

■3Sを入れれば好印象

自己紹介は、ほとんどの方がその場で考えますが、事前に10秒用、20秒用、30秒用と3種類を用意しておけば、どんな時でも対応できます。できることや能力を入れておけば、あなたの魅力も伝わります。

プライベートな情報は、売り込むのでなく、自分に興味を持ってもらい、親しみやすくすることが目的です。そのためには、自己紹介に**仕事・趣味・出身地の3S**を入れます。

3Sを入れながら、こちらから相手に共通点を提供して、気軽に話しかけられやすくするのが自己紹介のコツです。3Sのようなプライベートを話す目的とは、相手との距離感を縮めて、その後のコミュニケーションを活性化することにあります。

■状況に応じて使い分ける自己紹介

時 間	状 況	ポイント
5秒	時間がない時の自己紹介	第一印象に集中してアピール
10秒	名刺交換	自己紹介の3D
20秒	プレゼン	3D ＋「目的」を明確に伝える
30秒	セミナー講師・研修講師	3D ＋「終了後のゴール」を明確に伝える

自己紹介は、状況に応じて、時間とポイントが変わる

■話し上手はガターを出さない

ボウリングのボール ＝ 話し手の熱意
ボールにかける力によって倒れるピンの数が違うように、熱意を込めて話すほど相手に伝わるスピードも与える威力も違ってくる。熱意がなければ、何を話しても相手に届かない

ボウリングのピン ＝ 話の「ゴール」
ピンに向かってボールを投げるように、話のゴール（誰に何を伝えるか）が見えていれば話は脱線しない。逆に言えば、話が脱線するのはゴールというピンが見えていないということ

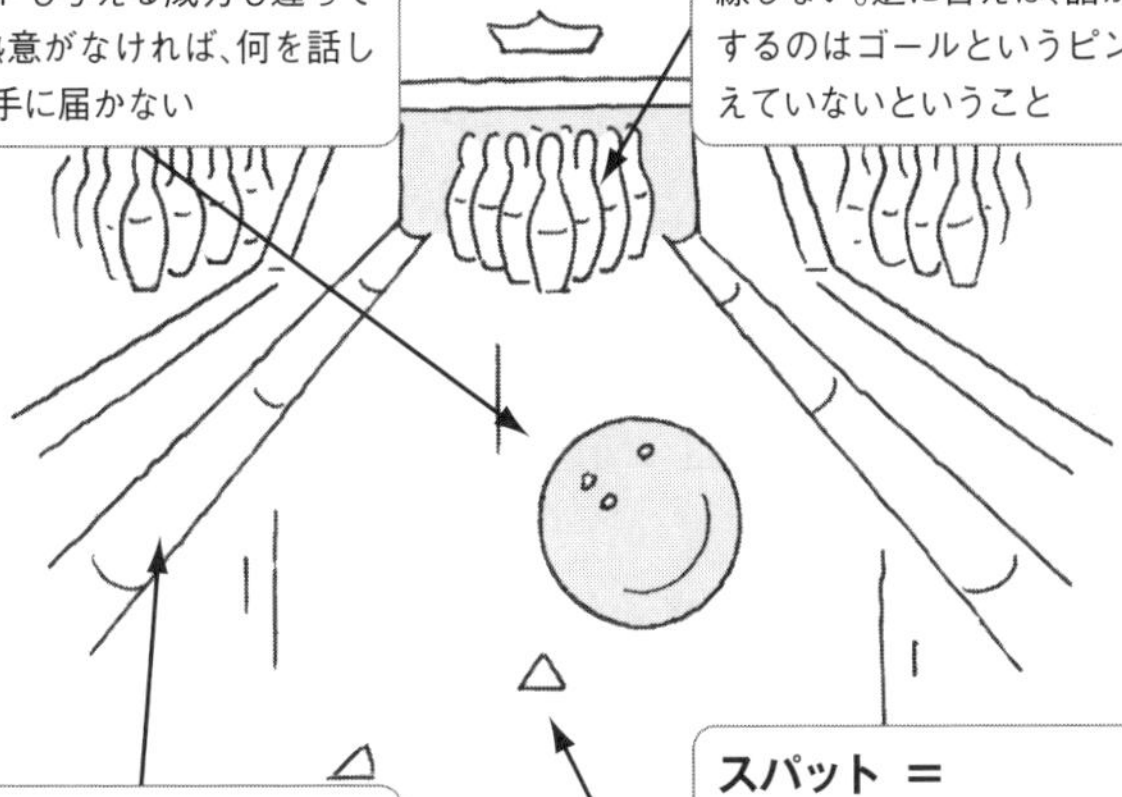

ガター ＝ 話の脱線
ガターは話の脱線で、話し上手はガターをなかなか出さない。逆に、話が下手な人はガターを気にせずとにかく前に転がればいいと思っている。つまり、自分が話したいだけ

スパット ＝ 話の「ゴール」の通過点
投球目標として描かれているスパットは、いわば話の「ゴール」に向かうための目印。スパットの大切さに気づかず話すのは、「序論・本論・序論」の型を無視するようなもので、話が脱線しやすい

ボウリングの面白さ・醍醐味

1. ルールがあるからこそ楽しい。
2. ピンが倒れるから楽しい。
3. 結果が点数で出るので競えて楽しい。
4. 見てくれている人がいるから楽しい。

話が伝わることのうれしさ

1. ルールを知ると脱線せず確実に伝わる。
2. 「何を伝えるか」というゴールを達成すると相手が動いてくれるのでうれしい。
3. 相手の行動が、結果に結びついてうれしい。
4. 伝える相手がいるから楽しい。

ルールや楽しさを知っていれば、脱線しない

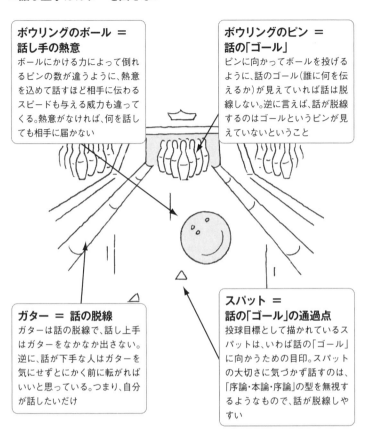

ストーリー仕立てで五感に訴える

■ストーリーで伝えて記憶に残す

話は断片的に伝えても、相手の記憶には残りません。記憶に残る話し方への近道は、ストーリーとして伝えることです。

もし、誰かがいきなり、「むかし、むかし、あるところにおじいさんと、おばあさんが……」と語り出したらどうでしょう？ 誰もが、昔話が始まったと思います。誰もがそう予測するのは、「むかし、むかし……」のフレーズを、無意識に記憶しているからです。

■話をストーリーで伝えるテクニック

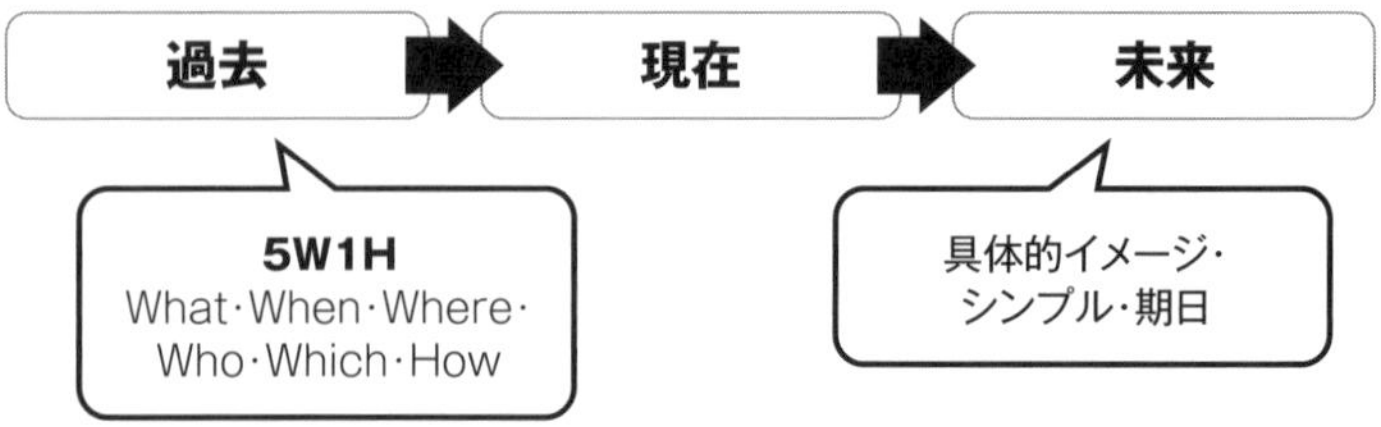

過去→現在→未来 の順に伝えるのがコツ

要するに、ストーリーとしてイメージできたものは、意識しなくてもいつまでも覚えているということです。

会議などで大切な話をする時は、内容を伝えることに集中するのではなく、聞き手がイメージしやすいエピソードを入れながら、ストーリーを作ることが大切です。

■視覚情報以外の情報を伝えるテレビアナウンサー

ストーリーをさらに魅力的にするのが、**五感に訴える話し方**です。たとえば、テレビとラジオで同じ野球中継を聞くと、その差は歴然としていることがわかります。

テレビは、視覚と聴覚で伝えることができます。そのため、野球の状況を細かく伝える必要はありません。逆に、言葉で伝えすぎると、テレビの視聴者は野球観戦に集中できなくなります。

状況を伝える代わりに、バッターのここ最近の打率など、テレビカメラに映らない情報をピッチャーとの対戦中にう

■聞き手が未経験なことは特に五感に訴える

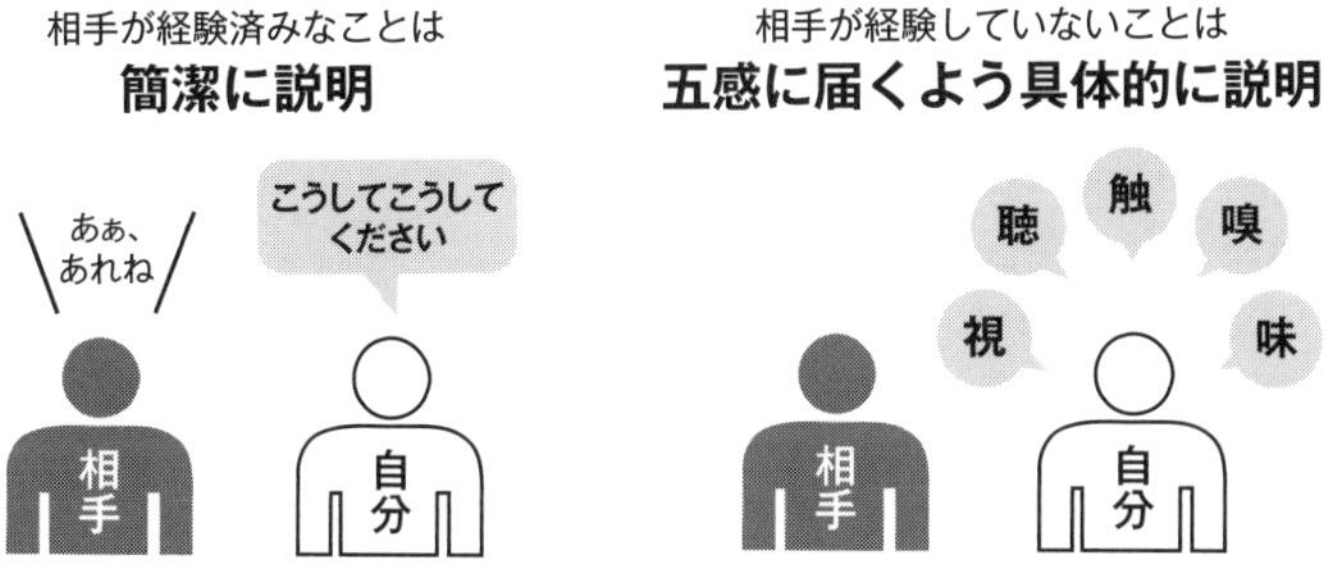
相手が経験済みなことは
簡潔に説明
あぁ、あれね
こうしてこうしてください
相手
自分
相手が経験していないことは
五感に届くよう具体的に説明
聴
触
嗅
視
味
相手
自分

相手の経験値が低い時は具体的に五感に訴える

まく伝えています。

テレビでは、視覚に入ってこない情報を言葉で伝えることによって、テレビ中継の楽しみを何倍にも増やし、魅力を引き出しています。

■臨場感が腕の見せどころのラジオアナウンサー

ラジオは、テレビと違い、視覚情報がないため、いかに音だけで伝えていくかが勝負になります。

そのため、聞いている人に、いかにトークで臨場感を与えるかがラジオアナウンサーの腕の見せどころです。

また、野球中継を途中から聞き始めた人でも、状況がすぐわかるように、途中経過を何度も伝えるのが特徴です。

「ただ今5回裏で、○○が3対1でリードしています」など、毎回、1人のバッターが終わるたびに状況を伝えています。テレビと違ってラジオのアナウンサーは、**五感の情報すべてを言葉にして伝えている**のです。

■五感に訴える話し方は話し手の力量がものを言う

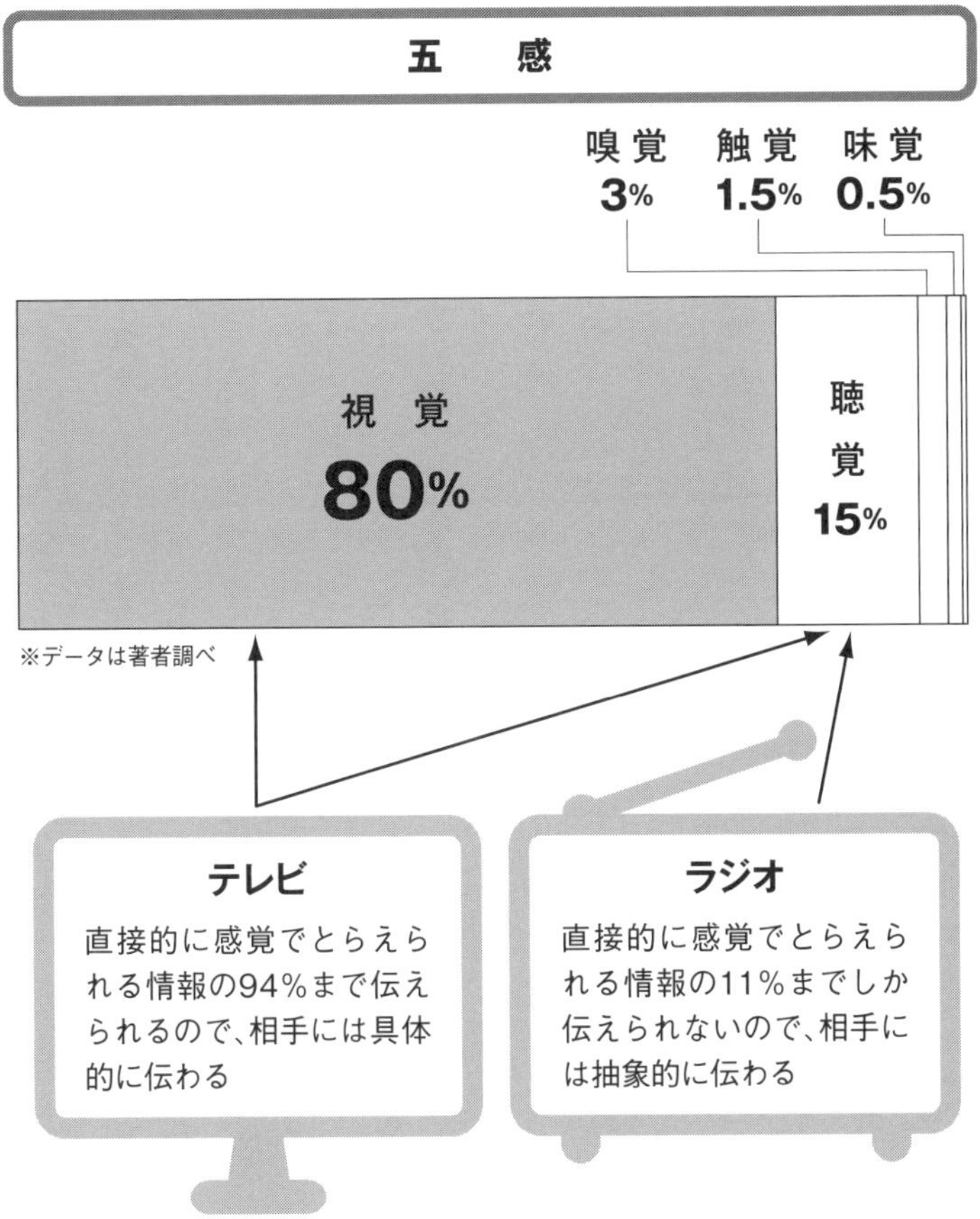

ラジオでは、話し手の力量と聞き手のイメージ力次第で、
情報への理解度が大きく違う可能性がある

視覚情報がない場合、
相手の理解度は「話し方」次第と心得よう

あがり症の3つの原因をつかんで克服する

■セルフメンタルのあがり症は欲を捨てる

話し方やあがり症で悩んでいる人を大きく分けると、3つのタイプになります。

1つ目は、メンタルです。話し方のメンタルとは、つまりプレッシャーに強いか弱いかです。

不思議なことに、プレッシャーに弱い人に限って、**上手に見せたい**とか**格好よく見られたい**などの欲が多いものです。その欲が自分へのプレッシャーとなり、緊張させてしまうのです。要するに、その緊張があがり症につながりま

■あがり症の３タイプを把握しよう

メンタルタイプ	トラウマタイプ	思い込みタイプ
・上手に見せたい ・すごいと思わせたい **→自分自身にプレッシャー**	・過去に人前で傷ついた ・他人に責められ傷ついた ・精神、肉体的に傷ついた	・できないと信じている ・マイナス思考 ・人前に出られる人間ではない

タイプを把握するところから克服は始まる

す。まずは自分へのプレッシャーを解除するためにも、「〜たい」という欲を捨てることです。

また、人前でスピーチできていた方が、管理職になって急にあがり症になったと相談に来られるケースがあります。これは、管理職になって自分に無意識にプレッシャーをかけているからです。何の原因もなくいきなり、あがり症になる人はいません。

■ トラウマのあがり症は受け入れて乗り越える

2つ目はトラウマです。過去の強烈な失敗体験によって思い出されてしまうつらい記憶です。

「学生時代、本読みで漢字を間違え恥をかく」「仕事で失敗して、上司からここぞとばかりに罵倒された」などの経験により、自分自身の潜在意識につらい記憶がすり込まれ、人前に出ただけでドキドキしたり、上司に呼ばれただけで体が震え出したりします。

■メンタルタイプのあがり症の原因は自分

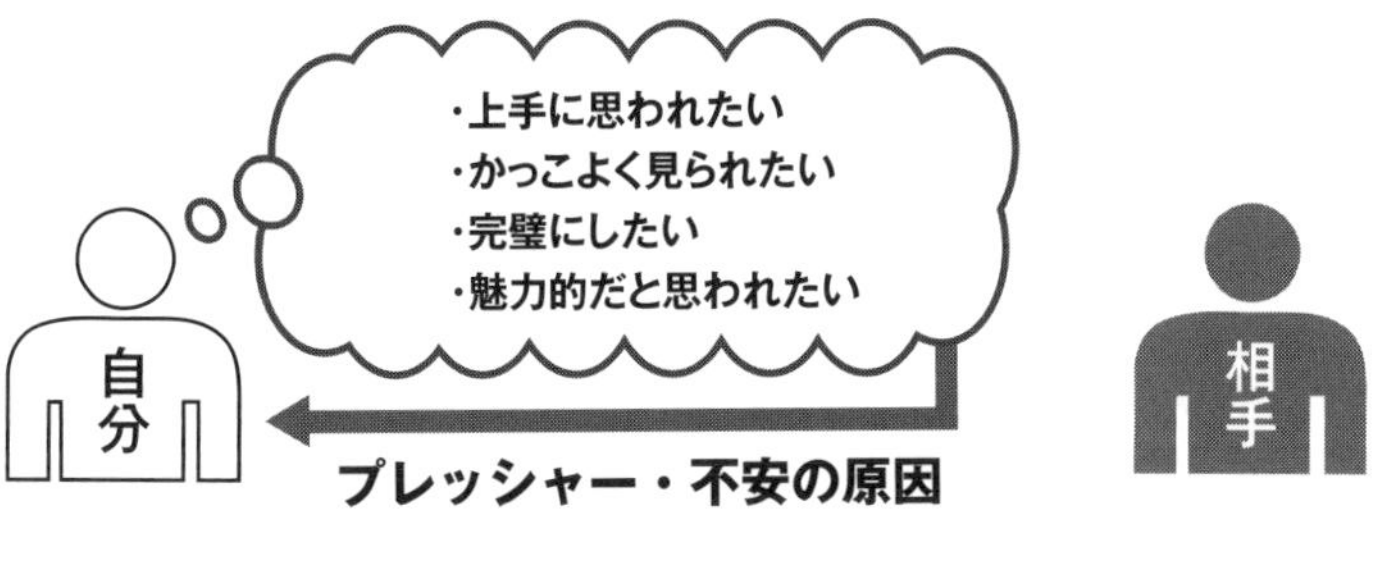

よく見られたいという欲が緊張の元

スピーチを頼まれた瞬間から胃が痛くなり、眠れなくなる日が続くなどの**生理的ストレス反応により、「無意識」の不安や恐怖によって、追い込まれてしまいます。**これがトラウマによるあがり症です。

ある条件がそろうと、自分で思い出したくなくても無意識に思い出し、条件反射であがってしまいます。この無意識が、トラウマの正体です。

トラウマの克服方法は、まず受け入れることです。過去は変えられませんが、過去の解釈を変えることはできます。過去のつらい出来事を映像として心の中に映し出し、勇気を出して事実を受け入れるのです。

次に、まるで映画を観ているかのように、心の中でリアルに再現してみます。そしてそれは、自分に起きたことではないと肯定的に塗り替えていくのです。無理をせず、少しずつやってみましょう。自分を信じたら、トラウマは乗り越えられます。

■トラウマを書き換えるには、成功が必要

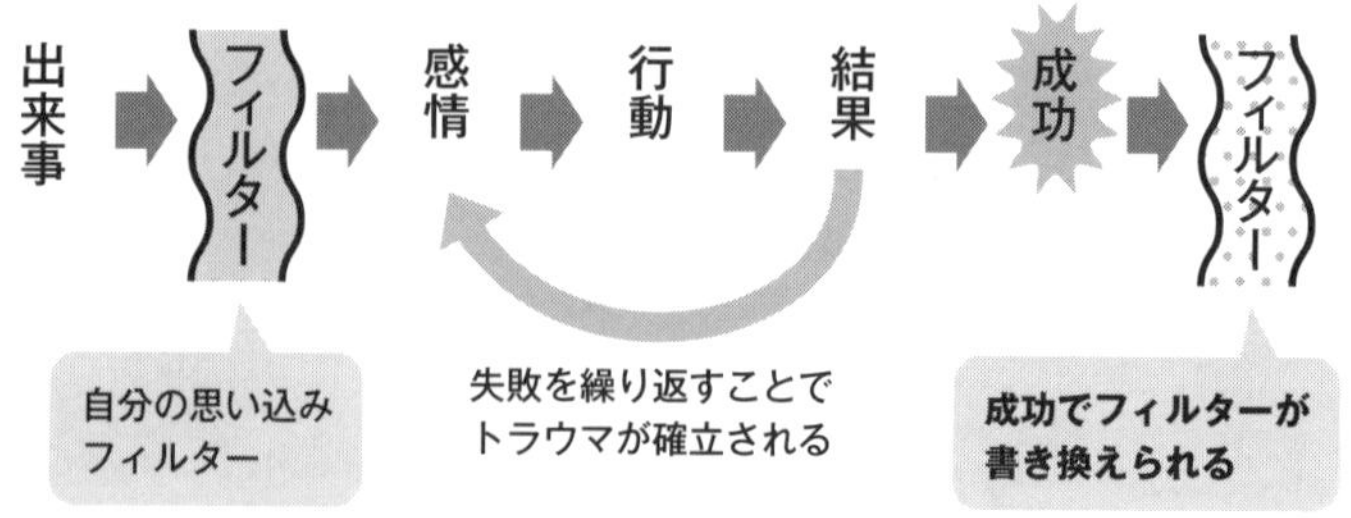

出来事
フィルター
感情
行動
結果
成功
フィルター
自分の思い込みフィルター
失敗を繰り返すことでトラウマが確立される
成功でフィルターが書き換えられる

成功の積み重ねがトラウマ克服に重要

■思い込みのあがり症

3つ目は、思い込みです。

私は幼い時から納豆が食わず嫌いで、ネバネバが服につくし、くさいしで美味しいわけがないと思っていました。ところが、友人から「温かいご飯にかけて食べたら美味しい」と言われて試してみたところ、本当に美味しかったんです。今では、普通に納豆が食べられます。

納豆自体は、今も昔もそう変わっていません。変わったのは、私自身の思い込みだけです。

同様に、スピーチや会議の発言の前に、「うまくいくわけがない」と考えるのは、根拠のない思い込みであり、思い込むだけ時間の無駄です。戦う前から負けています。

どうせ思い込むなら、うまくいくイメージにしてください。話し方が変わると、面白いほど人生が変わると自己暗示をかけましょう。思い込みは自分で作る世界なのです。

■思い込みは自分フィルターのせい

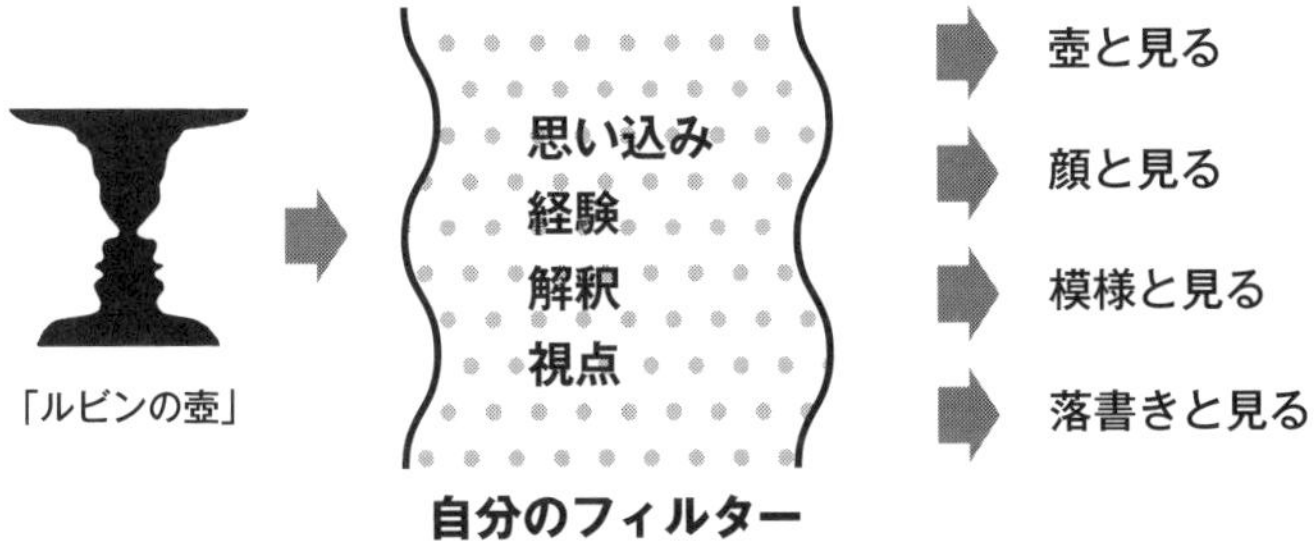
「ルビンの壺」
思い込み
経験
解釈
視点
自分のフィルター
壺と見る
顔と見る
模様と見る
落書きと見る

同じ物でも、フィルターがあるため人によって見方が違う！

ポジティブトークで相手の心を動かす

■ポジティブとネガティブでは解釈がまったく違う

人は、話を聞く時に、ポジティブトークとネガティブトークのどちらを好むと思いますか？

実は、**ポジティブな言葉を投げかけられることを望みます。**以前に、私のリーダーシップ研修で、内容を変えずポジティブに伝えた研修とネガティブに伝えた研修ではどのような差があるのかを実験したことがあります。

研修終了後のアンケート結果では、ポジティブに伝えた研修では、「リーダーとしてやる気が出てきました」「先生

■どちらのアンパンが気になりますか？

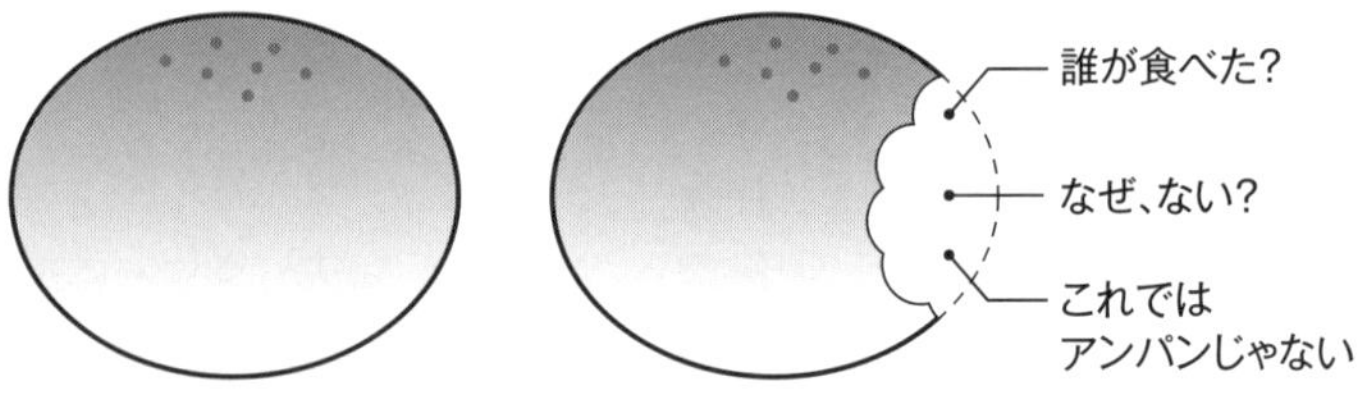
誰が食べた？
なぜ、ない？
これでは
アンパンじゃない

アンパン理論

・左と答えた人は、自分の良い点や他人の長所を見ることができる「ポジティブ思考」
・右と答えた人は、自分の欠点や他人の短所が気になる「ネガティブ思考」

の話を聞いていると元気が出てきました」などのコメントが多く、研修満足度も高かったのです。

しかし、ネガティブに伝えた研修では、「自分はリーダーでいいのか不安です」「リーダーとしてふさわしいのか疑問」など、ネガティブの感情がそのまますつり、研修の満足度も高くありませんでした。

■ポジティブ思考と情熱で大きな影響力を発揮

人は、同じ話の内容でも、背中を押してくれたり、勇気を与えてくれたりする前向きな言葉を望んでいます。

そして、話し手の感情や熱意は、聞き手にもうつります。話し手がポジティブ思考なら、聞き手はポジティブ思考に引き込まれ、ネガティブ思考ならネガティブ思考になります。

このことから、ポジティブ思考と情熱で話をすれば、相手に大きな影響を与えられるということがわかります。

話すとは、**伝える→伝わる→理解する**、です。この流れで重要なのは、**心を動かすこと**です。心を動かすことにより、話し手の目的が相手に届きます。ですから、プラス方向に動かすためにも、ポジティブ思考は必要なのです。

■意識と行動は密接にリンクしている

人の心には、相反する表の顔と裏の顔があります。それは、ポジティブ思考とネガティブ思考の二面性です。

その時の気分によって、表と裏の顔のどちらが強くなるかはわかりません。しかし、ポジティブ思考の時は行動もポジティブですが、ネガティブ思考の時は行動もネガティブになるものです。

たとえば、考えごとや悩みごとがある時は、どんなポーズや行動をとるか、思い出してみてください。オーギュスト・ロダンの「考える人」のようなポーズをとったり、頭を抱え込んだりしませんか？　下を向いて歩いたり、背中

■行動で思考は変わる

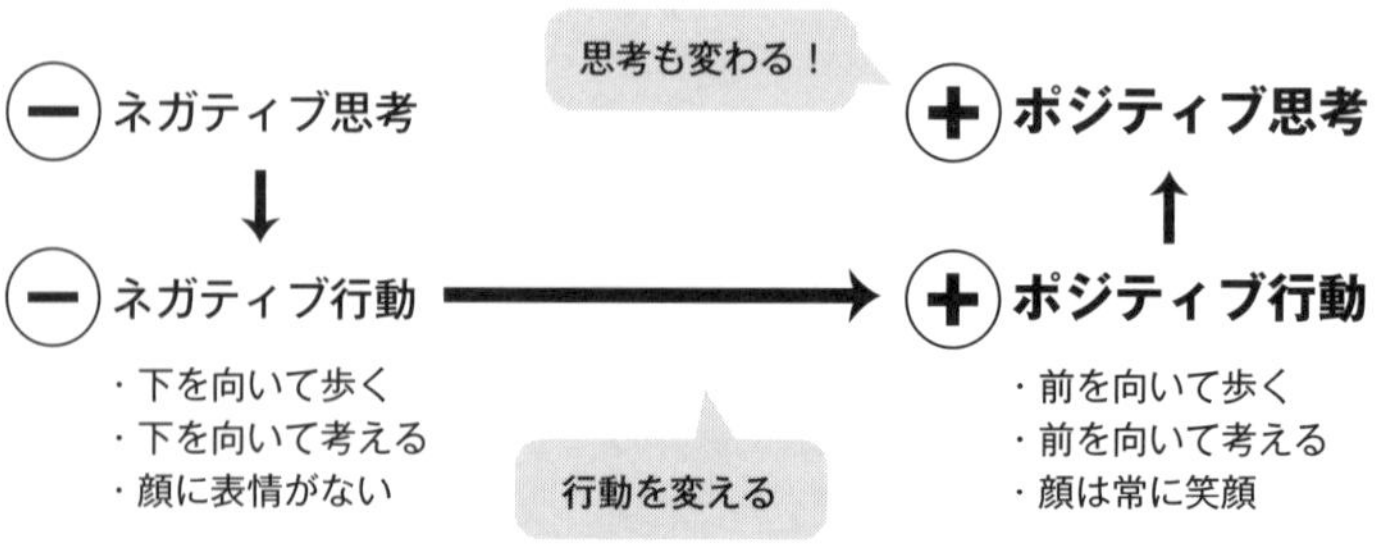

ネガティブ思考の時は、意識してポジティブな行動をとる

を丸めたりして不安そうにしませんか？

不思議なことに、上を向いて悩んだり、スキップして考え込んだりする人はいません。

要するに、意識と行動はリンクしているのです。

■行動を変えると思考が変わる

意識と行動はリンクしているということは、言い換えれば、ネガティブ思考に陥っている時は、ポジティブ思考の時にとる行動をあえてやることで、**自然と意識までポジティブに変わる**ということです。

口角を上げたり、笑ってみたりするだけで、心をポジティブに変えることができます。

心が変われば、言葉もポジティブになり、声のトーンやボリュームが変わり、笑顔が出たりして、魅力的な話をすることができます。

■思考と行動と結果はつながっている

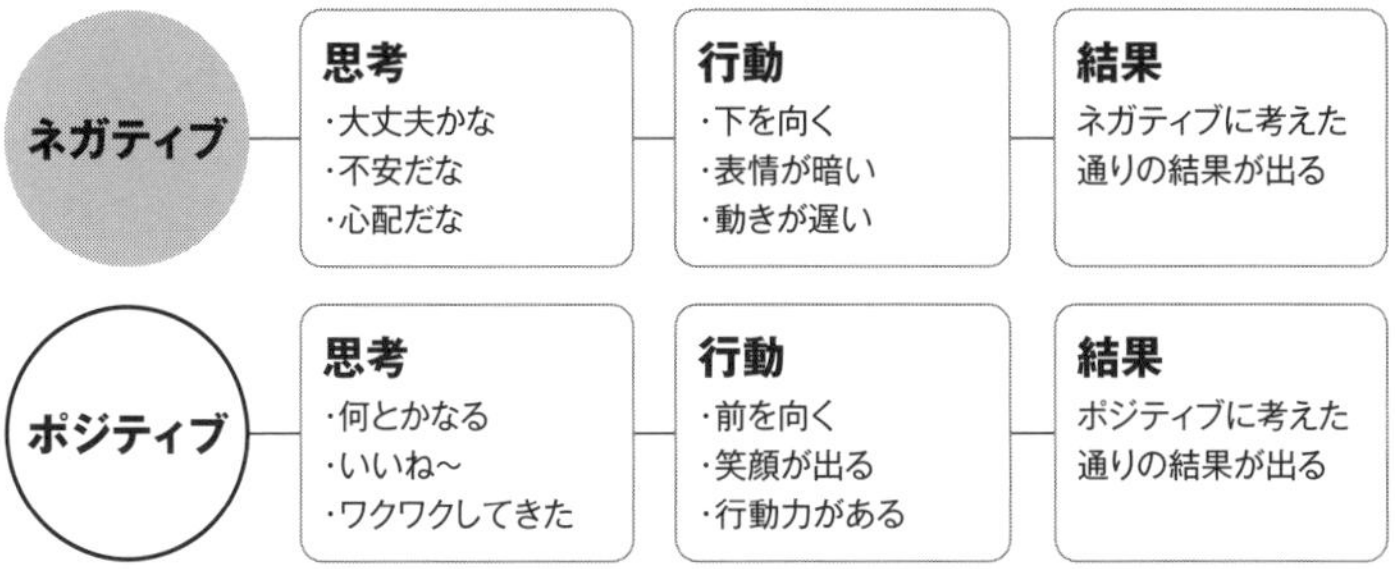
ネガティブ
思考
・大丈夫かな
・不安だな
・心配だな
行動
・下を向く
・表情が暗い
・動きが遅い
結果
ネガティブに考えた通りの結果が出る
ポジティブ
思考
・何とかなる
・いいね～
・ワクワクしてきた
行動
・前を向く
・笑顔が出る
・行動力がある
結果
ポジティブに考えた通りの結果が出る

特に経営者やリーダーには、ポジティブ思考が必要

1 目的を伝えるトレーニング

■ **急に話題を振られても堂々と話せる**

まず、思いつくままに言葉のキーワードを１つ書き出します。そのキーワードを話の目的として、すぐに話し始め、１分間スピーチができるように練習します。

このトレーニングでは、以下の効果が期待できます。

- **突然、話を振られても話せる力がつく**
- **的を射た話ができる力がつく**
- **目的が明確になり、相手に伝わるようになる**
- **話を掘り下げる力がつく**
- **相手の話に合わせることができる**

キーワード「君はどう思う？」(部長の一言」

言葉を書いて、すかさず１分スピーチ

2 AMラジオ的トレーニング

■ 番組に参加して会話に入る

ラジオにはFMとAMの2種類ありますが、FMラジオは音楽を生かしたコンテンツが多く、AMラジオはパーソナリティのトークが多い傾向です。

話し方のトレーニングでは、AMラジオを聞きながら、あなたも番組に参加したつもりで会話に入り、あいづちや乗りツッコミを入れてみましょう。

このトレーニングでは、以下の効果が期待できます。

- **話の「間」がわかるようになる**
- **話のかけ引きがわかるようになる**
- **話のリアクションがとれるようになる**
- **初対面の人との会話に悩まなくなる**
- **ボキャブラリーが増える**

……って、そんなわけないでしょ！

3 メンタル強化トレーニング

■ 5分の瞑想習慣で心身すっきり

お薦めは、1日5分の瞑想で心の筋トレをすることです。瞑想は、頭も心もスッキリさせます。瞑想の時は、自分の中で人前で話す時の成功イメージだけを強く持つことが大切です。

このトレーニングでは、以下の効果が期待できます。

・まだ起きていない出来事への不安が消える
・自分に自信を持つことができる
・集中力が強化される
・人前に出た時の恐怖感がなくなる
・ここぞという時に強くなる
・気持ちのコントロールができるようになる
・イメージしながら話ができるようになる
・手足の震え、赤面症、あがり症が軽減される

第2章

人前でもあがらずに話せる技術

平常心を保つ意識の仕方と体の使い方

「あがり症」克服は心技体が大切

■心技体の「心」は対話の練習で鍛える

スポーツの世界では、心技体の三位一体が身に付くことにより、一流になれると言われています。

心技体の考え方は、スポーツに限りません。話す時のあがり症においても、心技体を磨き上げることではじめて、本当の意味で克服することができます。話すとは、口のスポーツです。

心技体の「心」とは、強いメンタルと、聞き手のことを意識できる優しさです。初対面の人や大勢の前でのスピー

■心技体がそろってこそ一流

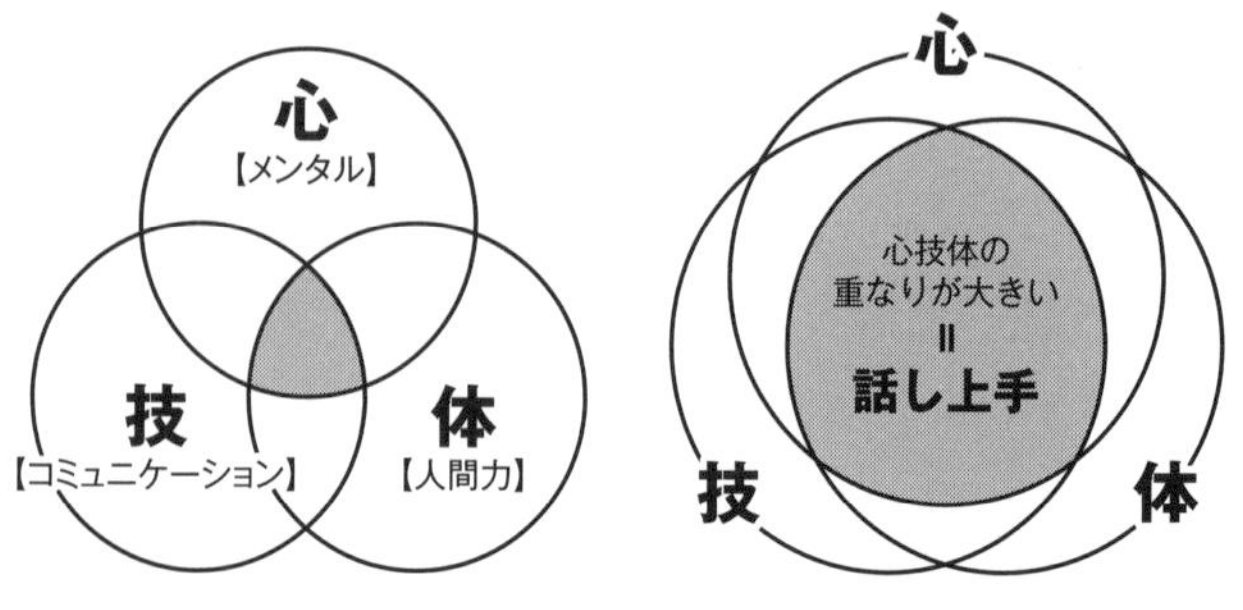

トレーニング次第で、3つの輪はどんどん重なる

チでも、自分の気持ちをコントロールできる力や状態を把握する力も必要です。たとえば、人前で緊張して手足が震えたり、不安が大きすぎたりすると、伝えたいことも伝えられなくなります。

常に「自分がどんな環境や状態の時でも、伝えたいことが伝えられる」心を鍛えて把握しておくことが大切です。「心」を強化するためには、**1回の本番より、10回の練習試合**です。上達のコツは、練習試合にどれだけ出場するかです。

そして練習試合の中でも、毎回、必ず目標を持つことです。小さな目標達成が自信となり、大きな成果につながります。

■心技体の「技」はコミュニケーション

心技体の「技」とは、「伝え方」と「魅せ方」、つまりコミュニケーションです。相手を引きつけたり、魅力的だと

■練習試合の積み重ねが大きな成果に

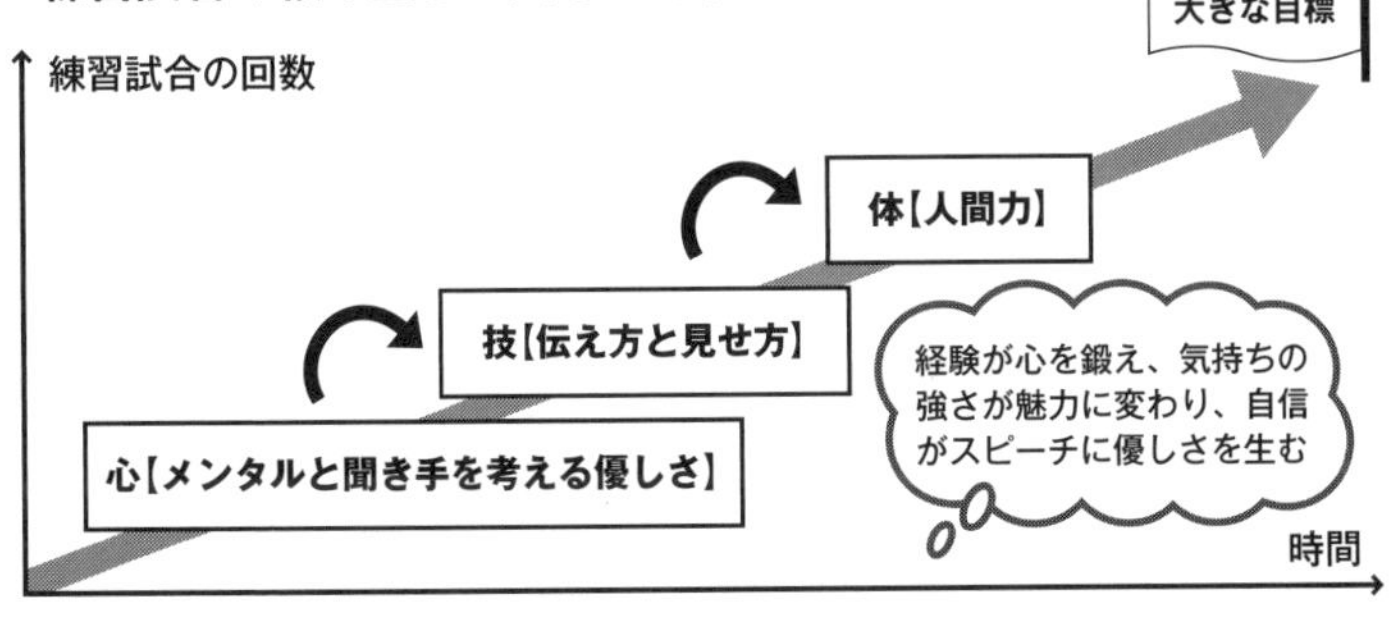

大きな目標が心技体を成長させる

思わせる話し方の技です。話し方により、相手の心をつかみ、相手の「心の琴線」に触れることができます。

「技」の中で必要な能力は、**言葉・声・抑揚・スピード・ボリューム・間・表情・ジェスチャー・目線**です。

この9項目を「技」として身に付けることにより、「伝え方」と「魅せ方」が変わります。話すだけでなく、コミュニケーション能力も向上します。

■心技体の「体」

「体」とは、「人間力」です。話し手はひとりの人間ですから、人間としての魅力を兼ね備える努力も必要です。人間力を磨きあげるからこそ、あなたの話が伝わります。人間力が高い人で、話し方が下手な人はいません。

特に、経営者やリーダーの方は、次の7項目をマスターしてください。**自己愛・自己啓発・行動力・情熱・ポジティブ・集中力・イメージカ**（43ページ参照）です。

■「話し方」の心技体の先を見よう

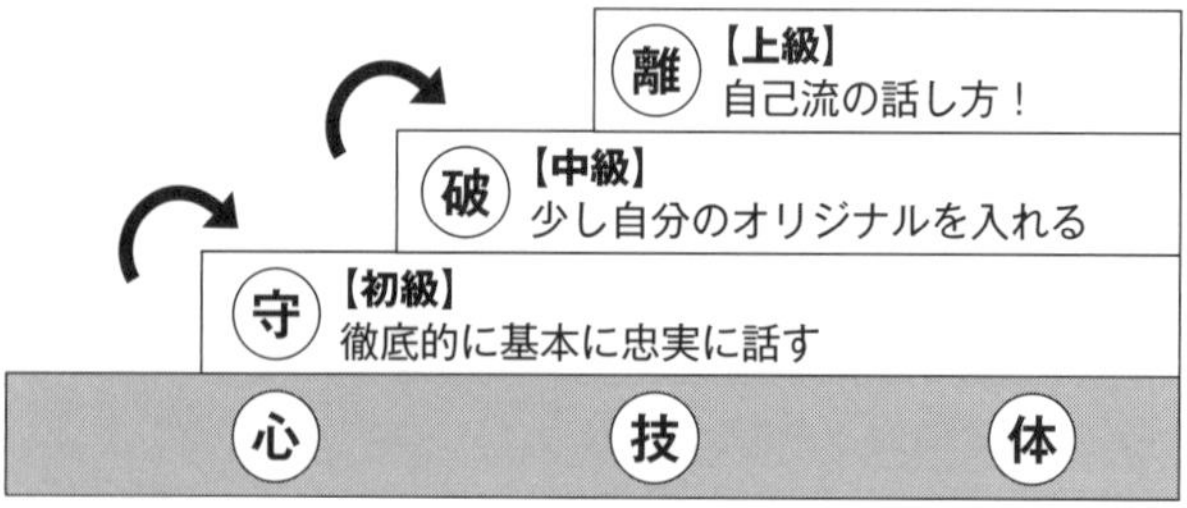

守破離：守＝基本を守る段階、破＝改善・改良の段階、離＝オリジナルを開発する段階

心技体をマスターしたら守破離のステップで上達

■人間力の向上で人を引き付ける話し方ができる

7つの人間力

自己愛
どんな自分でも受け入れ、
常に自己愛 MAX

自己啓発
常に学び自己成長したい力、
そして学ぶ欲求

行動力
あらゆることに興味を持ち、
行動する力

情熱
どんな時も情熱を持って
伝える力

ポジティブ
目の前の出来事を
プラスに考える力

集中力
本番の時に最高の力を
出すために必要な力

イメージ力
頭の中で物事を想像する力

↓

人間としての魅力向上

→自然と人を引きつける話し方ができるようになっている

人間力の向上で、コミュニケーション能力もアップ

頭が真っ白にならない、さまざまな方法

■話す時は自分の状態を把握しておく

話をしていて、頭の中が真っ白になった経験はありませんか？　その状態は、車で言えばオーバーヒートと同じことです。気づいた時には、もう遅いわけです。本来、車は走っている時に油温計や水温計をチェックして、車の状態を常に把握して走行しています。

要するに、話をする時は、**自分の状態と環境を把握しておく必要がある**ということです。状態と環境を考えることにより、頭の中が真っ白になる事態を回避できます。

■半眼で今の自分を見ることが大切

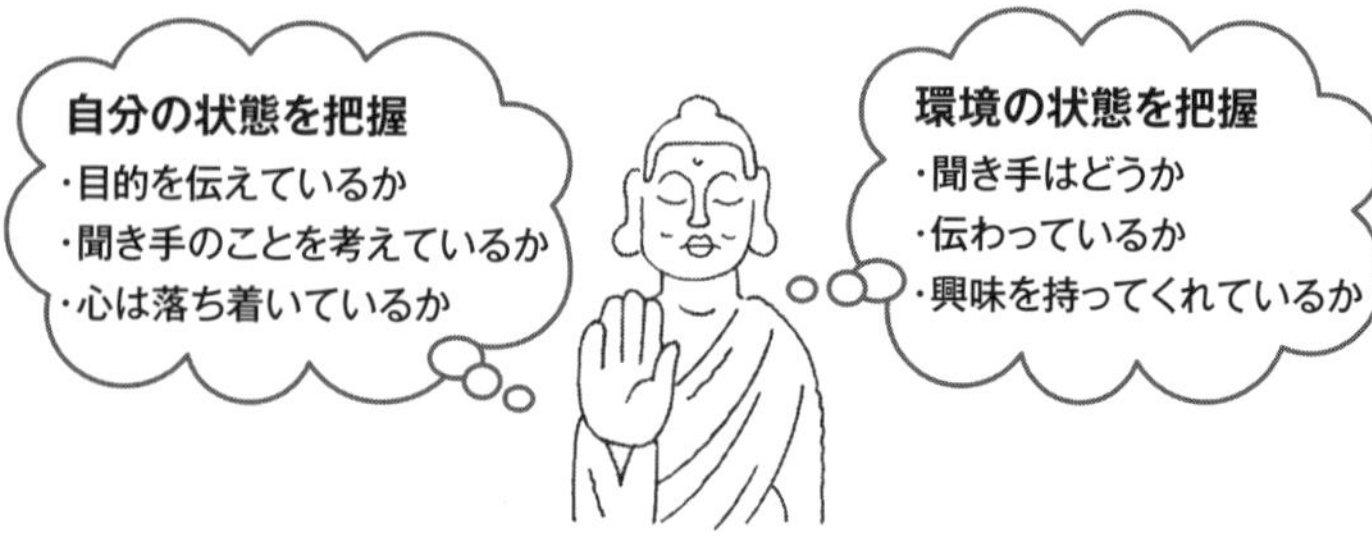

自分の状態を把握
・目的を伝えているか
・聞き手のことを考えているか
・心は落ち着いているか
環境の状態を把握
・聞き手はどうか
・伝わっているか
・興味を持ってくれているか

大仏様のように半眼になれば、冷静に考えることができ、
頭が真っ白にならなくなる

■頭から意識を遠ざける

頭の中が真っ白になるのは、脳に神経が集中しているためなので、意識を脳から遠ざける必要があります。たとえば、手をつねったり、顔をかいたりして、体のほうに意識を向けていくだけでも、意外に効果が上がります。

逆に、やってはいけないのは、「ヤバイ、次に何を話す予定だったかな」と脳に意識を集中して考えてしまうことです。集中して考えれば考えるほど、ますます話せなくなってしまいます。

思考が停止した時は体を動かしたほうがよい、と覚えておいてください。その場で足踏みしたり、歩いたり、手を動かしたりすることにより、思考が動き始めます。

■思考停止したら目的を思い出す

多くの方は、相手にどう思われているか、どう見られて

■頑張りすぎると頭が真っ白に

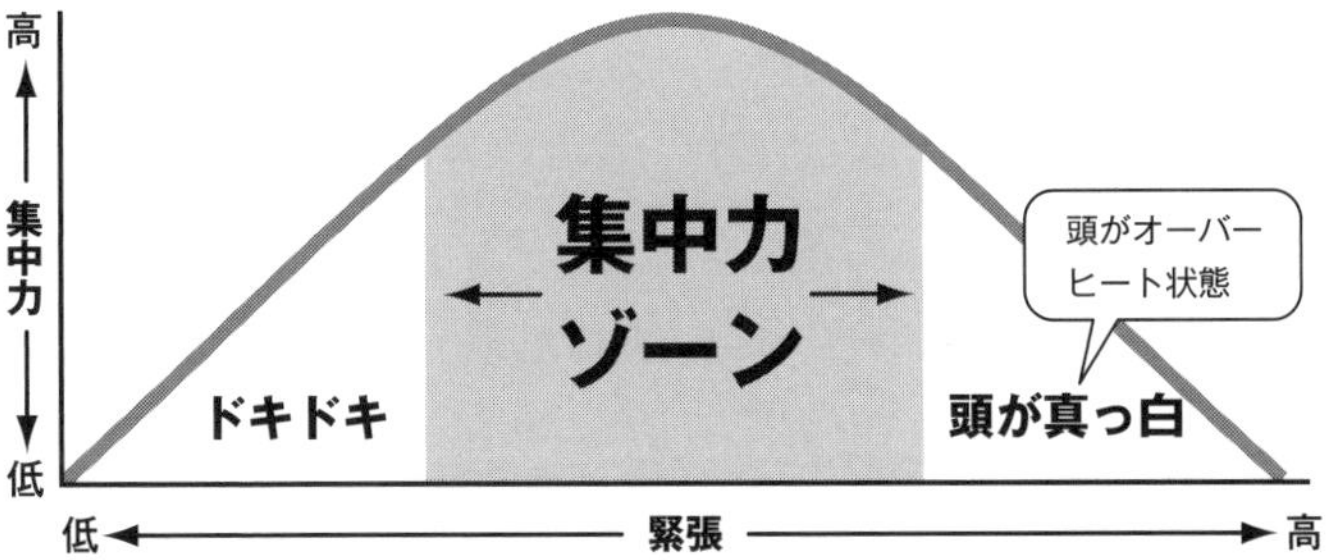

思考停止を避けるためにも、少し力を抜く

いるかという意識が高いため、思考が停止します。これは、防衛本能からきているのです。

思考停止を解くために、もう一度、何のために話をするのか、**「目的」**を思い出しましょう。目的を思い出したら、決められた原稿は読まず、自分の言葉で、自分の考えで言いたいことを伝えればいいのです。

■自己開示で思考が動き出す

人間の心理とは面白いもので、気持ちを隠そうとすればするほどあがってしまい。頭の中が真っ白になってしまいます。

こんな時は、素直に「少しあがってしまい頭が真っ白になりました」と自己開示することです。つまり、今の自分の心の状況をストレートに伝えるわけです。相手に伝えることで気持ちが楽になり、潜在意識が働き、思考が動き始めます。何ごとも素直が一番です。

■体を動かせば自然と言葉が出てくる

多くの生徒を見てきて、あがり症の人ほど体に力が入り、対話やスピーチの時にあまり動いていないことがわかりました。緊張しているからこそ、体に力が入っているのです。話すとは口のスポーツです。スポーツは力が入ると、最高のパフォーマンスを出すことができません。

人前に出る時は、はじめから**動いて体の力を抜くことを意識してください。**動くことにより、体の力は自然と抜けていきます。スティーブ・ジョブズのように舞台いっぱいに歩くのもいい方法です。歩けば自然と言葉が出てきます。

しかし、いつも自由に動けるシチュエーションとは限りません。会議での発言や司会などでは、目線・首・手・足などを動かすことを意識してください。またジェスチャーを入れることにより、表現力が豊かになり、伝わりやすくなります。

■思考・行動・感情で自分をコントロールする

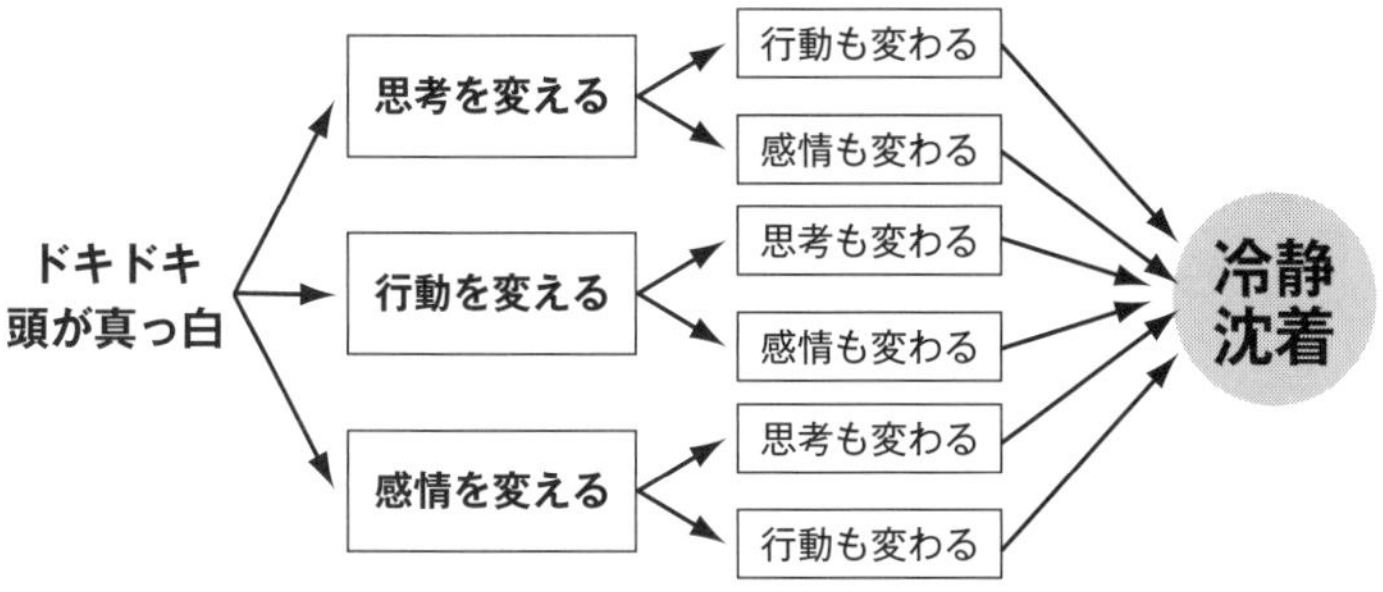

手足が震えない！プロが使うテクニック

■手足の震えは自律神経からくる

手足の震えを、頭では止めようと考えても、自分の意思に反して震えが止まらず余計に焦ってしまう。手足の震えが周りの人にバレてしまうかもと意識をすることでさらに緊張が高まり、余計に手足の震えが激しくなってしまう。

そんな経験はありませんか？

なぜ、緊張すると手足が震えてしまうのかというと、**自律神経からくる本能的な体の動き**によるものです。

ですから、人前で話すのが仕事の講師や講演者といった

■手足の震えは「〜かも」が原因

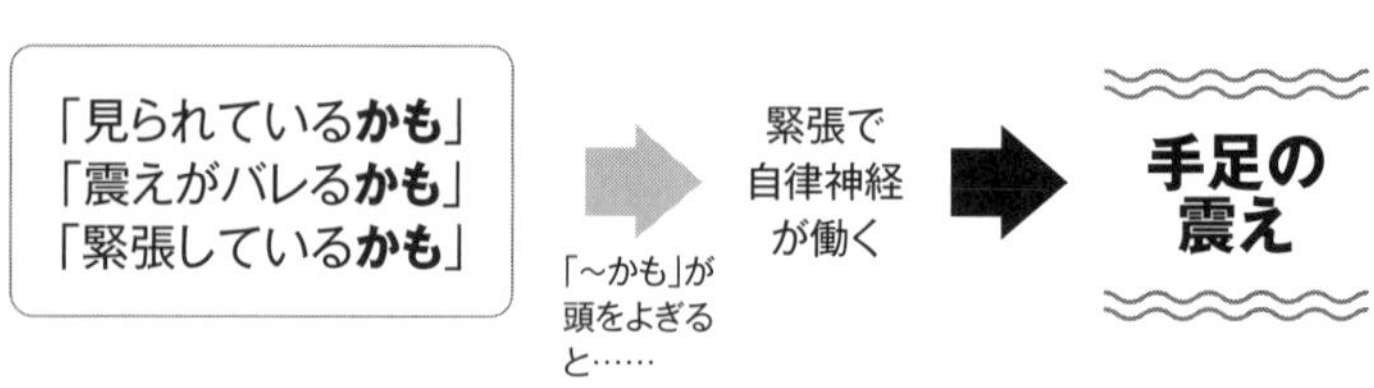
「見られているかも」
「震えがバレるかも」
「緊張しているかも」
「〜かも」が頭をよぎると……
緊張で自律神経が働く
手足の震え

震えは緊張をほぐそうとする本能的な動き

プロでも、時に緊張して手足が震えたり、手汗をかいたりもします。

しかし、プロは、緊張からくる体の反応と戦わず、うまくプラスの方向に逃がすテクニックを持っています。そのうちの3つの技を、ここでお伝えします。

■震える前に動きを入れる

1つ目の技は、**手足が震える前に動きを入れる**ということです。手足が震えてからでは遅いのです。

緊張して手が震える人には、意識してジェスチャーを入れたり、マイクを持ち替えたりといった動きを入れます。

足の震えが気になる人は、少し歩いてみてください。動くスペースがない時は、その場で足踏みをするのもいい方法です。

動きで気をつけていただきたいのは、横揺れです。なぜなら、見ている人が、横揺れの動きによって気分が悪くな

■震えは準備と対策で抑えよう

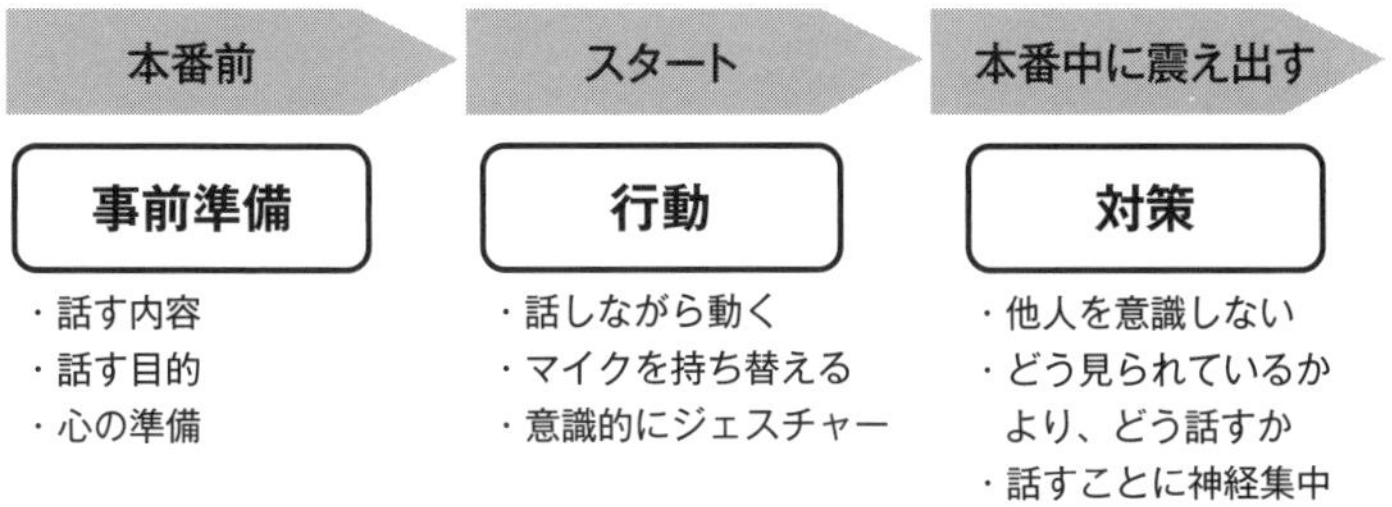
本番前
スタート
本番中に震え出す
事前準備
・話す内容
・話す目的
・心の準備
行動
・話しながら動く
・マイクを持ち替える
・意識的にジェスチャー
対策
・他人を意識しない
・どう見られているかより、どう話すか
・話すことに神経集中

準備と対策ですべては変わる

るからです。

■自分を認め、100点満点だと信じる

2つ目の技は、**今の自分を認めること**です。たとえば、サッカー選手の本田圭佑さんや野球選手のイチローさんは、子どもの頃から「自分はできる」と信じ続け、世界で活躍するアスリートになりました。

逆に、今の自分を認めず、根拠のない理由で自分はダメだと信じていると、手足が震えるものです。

今の自分を認めて、自分は素晴らしい、手足は震えないと信じてください。

これは、一度や二度やっても効果はありません。何度も繰り返し続けてください。

そして、ありのままの自分を100点と思うことです。

自分を信じるためにも普段から、気持ちを切り替えるためにも、時間がある時に5分間の瞑想をお勧めします。

■自分を信じれば道は開ける

自分を信じられない

- 手足の震え
- 実力以下の結果
- 自分に自信が持てない

自分を認める

- 実力を100%発揮
- 実力以上の力を発揮
- 震えがなくなり
  今まで以上に自信がつく

根拠のない「ダメな自分」に悩まない

■自己接触行動で安心を取り戻す

3つ目の技は、**「自己接触行動」**です。

赤ちゃんは、不安になったり怖い時に泣き、母親から抱きしめられたり体をさすってもらったりすることで安心します。また、大人の場合、髪の毛を触ったり、爪を噛《か》んだりすることで緊張をほぐすことがあります。

こういった行動を「自己接触行動」と言います。緊張したり、不安を感じたりしている時に触ることにより、いつもの自分を取り戻します。手足が震える前に、普段から触ると落ち着く体の場所を探しておくのもいい方法です。

私がお勧めしたいのは、本番前の1人ハグです。自分で自分の体に手を回して、「大丈夫、できる、できる」とたった10秒間やることで落ち着きが出てきます。私の生徒には、これで成功した人がたくさんいます。ぜひ、やってみてください。

■癖や習慣を取り入れ、心を落ち着かせる

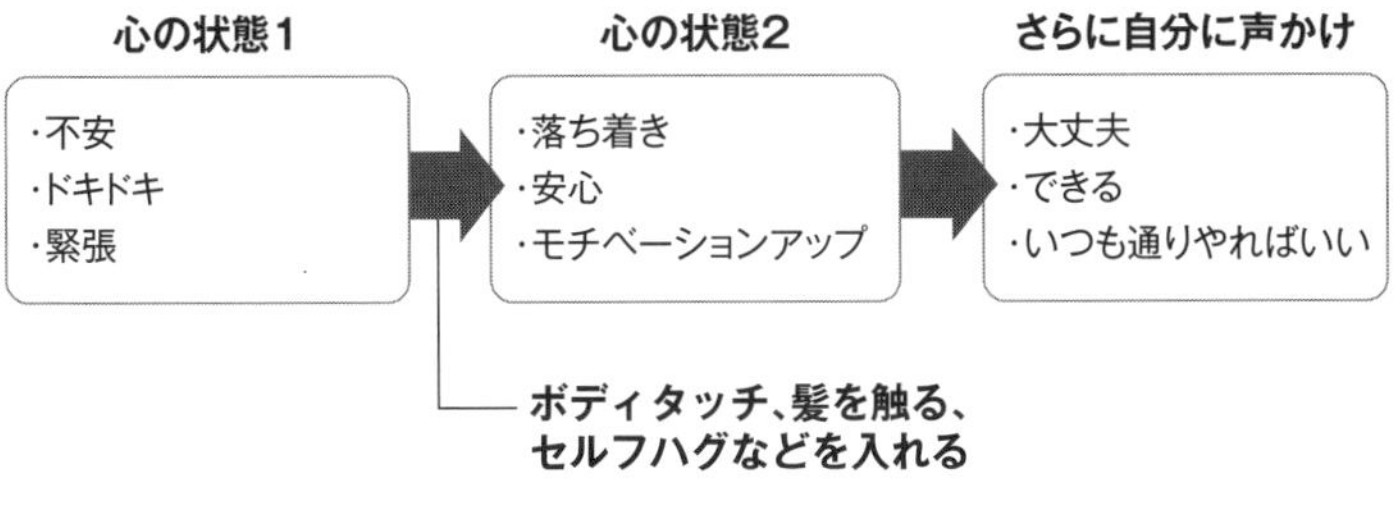

癖を入れて、いつもの自分を取り戻す

場数とバ数は大きな違い

■場数だけでは話し上手になれない

人前に出てうまく伝えることができず、大恥をかいたとか、プレゼンテーションで失敗したなどという経験は、誰でもあると思います。

しかし、そんな時はほとんどの人が、「場数が足りない、とにかく慣れることが大切だ」と考えますが、勇気を出してチャレンジしても、また失敗の繰り返しで、失敗のスパイラルにハマるものです。場数は増えても、失敗の経験数が増えるだけで、根本的な解決にはなっていません。

■やみくもに努力しても意味はない

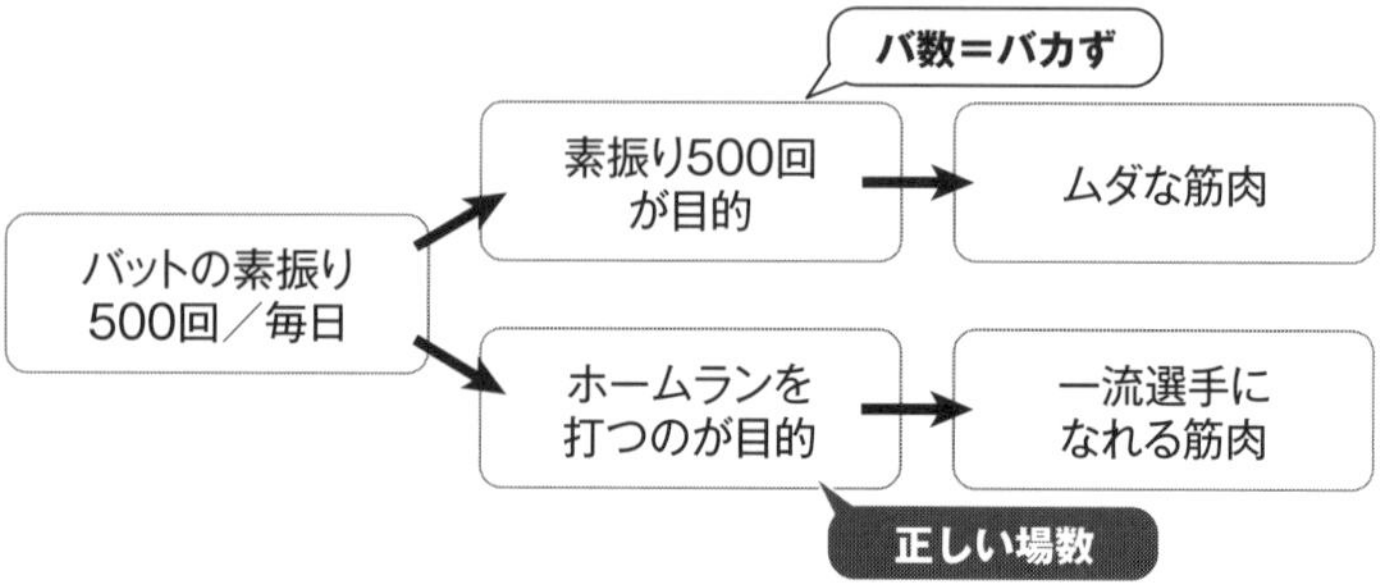

努力にも、正しい・正しくないがある

なぜ、人前に出る講師や講演者は失敗しないのでしょう？　実は、失敗もしていますが、大失敗がないだけです。これは、単に場数を踏んで慣れたというだけではありません。人前に出て、**正しい場数を踏んでいるから**です。

■話す力に合わせて少人数からステップアップ

正しい場数のトレーニングは、自分の話す能力によって、話す場をステップアップすることです。最初は２人を相手に雑談からスタートして、コミュニケーション能力を磨きます。次に、５人くらいで、考えや目的を伝える会議やミーティングで慣れていきます。

ここまでは、知人で場数をこなし、自信がついたら、いよいよ武者修行です。異業種交流会や合コンに参加をして、名刺交換をしながら１人でも多く、あなたの印象を残すトレーニングをします。そして、最終ステージは、30人以上の前でのデビューです。このステップを踏めば、短期間に

■ステップアップで話し上手に

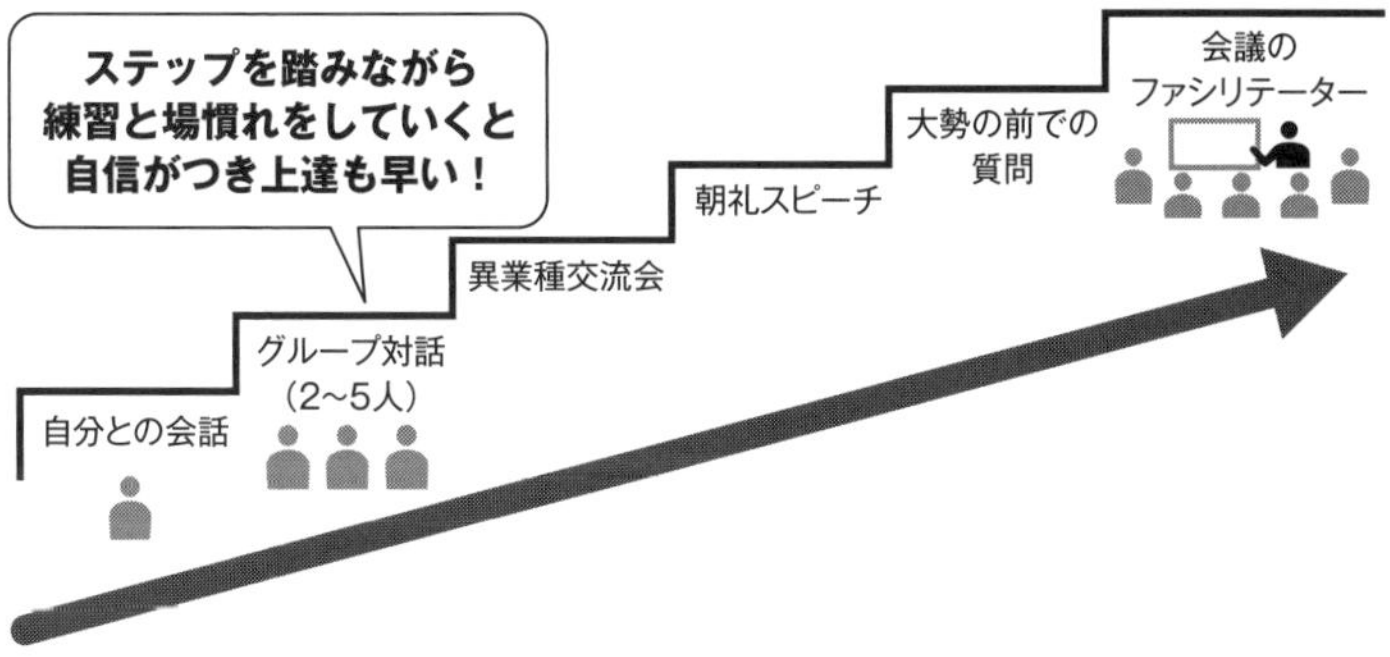
ステップを踏みながら
練習と場慣れをしていくと
自信がつき上達も早い！
自分との会話
グループ対話
（2～5人）
異業種交流会
朝礼スピーチ
大勢の前での
質問
会議の
ファシリテーター

成長できます。

■ 3つの方法で失敗のスパイラルから脱出

人の心は情報からの影響を受けやすいものです。あなたはもうすでに、**失敗からくるネガティブなイメージ情報が脳にすり込まれています。**失敗のスパイラルから脱出する方法は下欄の3つです。

①の「ポジティブ」は、前向きな情報を脳にすり込むことにより、手足の震えや赤面などの負の情報ではなく、あるべき姿の情報だけがインプットされます。

②の「イメージトレーニング」は、イメージした行動を脳にすり込み更新することにより、成功のイメージだけが記憶として残るため、行動しやすくします。

③の「なりきる」は、なりたい自分の振る舞いや、憧れの人のマネをして振る舞うことです。なりきることで、理想の自分に近づきます。これを「役割効果」と言います。

■負のイメージは無意識にすり込まれる

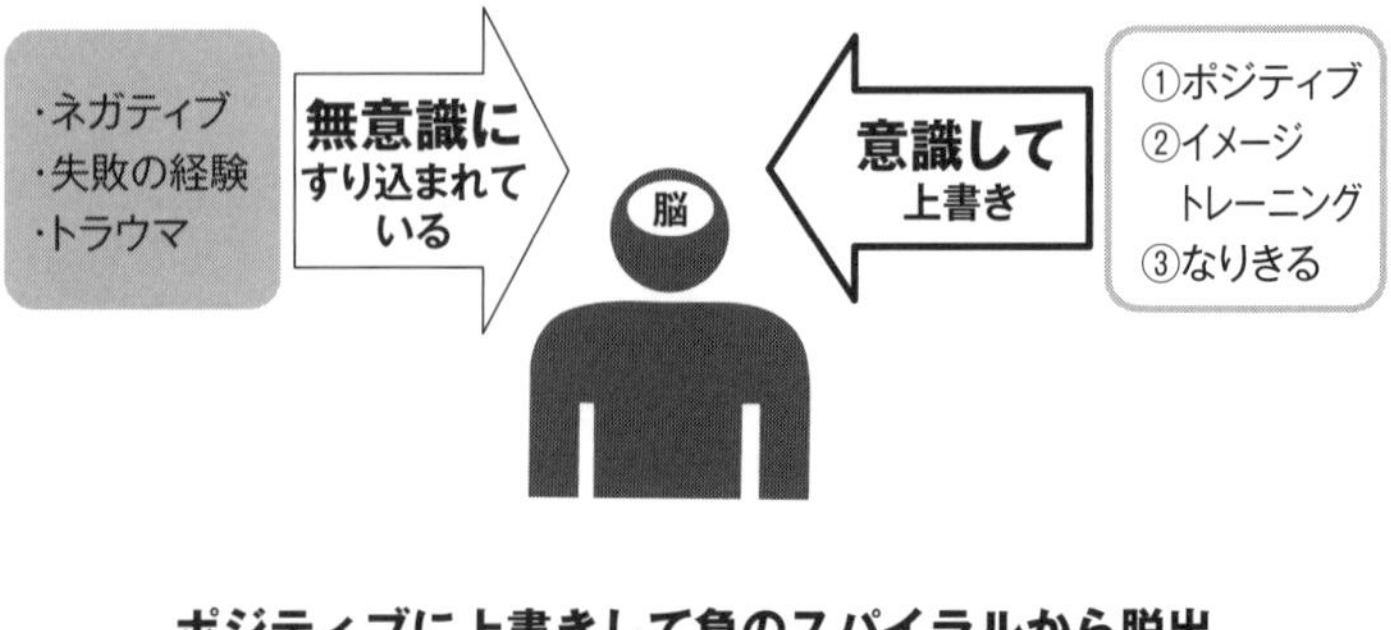

ポジティブに上書きして負のスパイラルから脱出

■自己肯定感を上げ前向きになる＝自己愛MAX

自己肯定感とは、「私ならできる！」といった自分に対する信頼感のこと。スピーチだけでなく、自己効力感を上げる方法を紹介します。

1. 成功体験　人前に出る時は過去の成功体験を思い出し、自分にはデキると信じ「I can do it」と心でさけぶ

2. 代理経験　他人の成功体験を自分だと思い込み、「自分にもできるかも」「やれるかも」と意識し、常に「I can do it」と心でさけぶ

3. 言語的説得　周りの人からホメられたり、何度も励まされたりすること。そして、「I can do it」と心で言う

4. 自己愛MAX　行動を起こす前に、「自分ならできる」「俺は、すごい」「大丈夫、大丈夫」と100回くらい心の中で唱えることにより、自己肯定感が上がり、よい結果を出すことができる

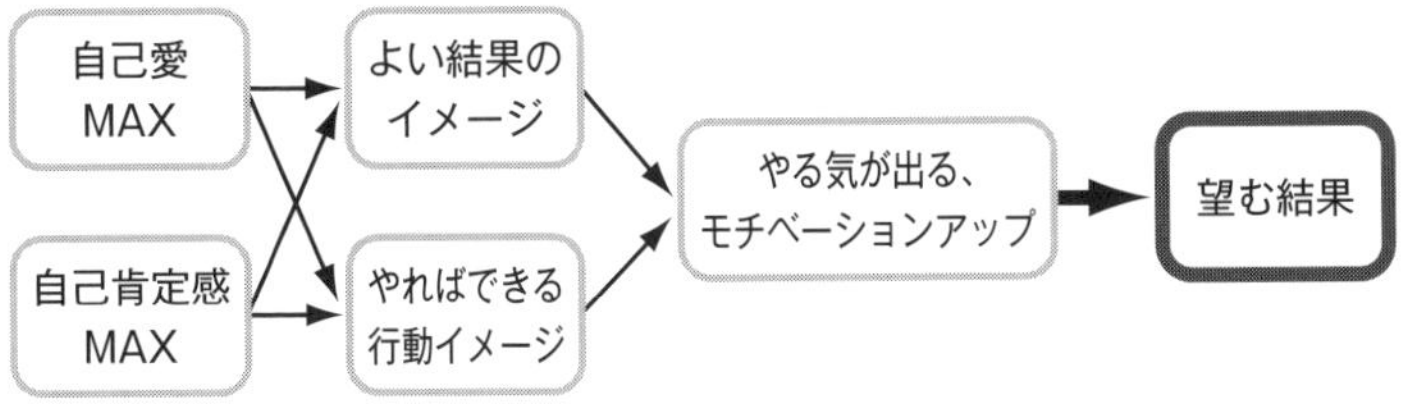

自己肯定感の高い人ほど「よい結果」が出せる

目的と手段を間違えなければ誰でも話せる

■目的を間違うから話が下手になる

話のうまい・下手は、「目的」と「手段」をどう捉えるかで大きく変わります。特に勘違いしやすいのが、経営者や上場企業の役員、医師、教師など教える立場の人です。

一般社員であれば、上司や周りの人だけに自分の考えや意見を伝えることを考えておけばよいのですが、立場ある役職になった瞬間から、話す機会が急に増え、聞き手から話し手に変わり、影響を与えていかなければなりません。

そのため、役職が変わって急にあがり症になったり、声

■目的と手段を間違えると伝わらない

	手段	目的	
一般社員	話す	伝えて・伝わり・理解する	
リーダー・役員・社長	指示・命令・説得	・すごいと思わせたい ・格好よく見せたい ・恥をかきたくない	×
リーダー・役員・社長	話す	自分の考えを伝えて人を動かす	○

が震えたりします。目的が「失敗して恥をかいてはいけない」に変わり、プレッシャーを感じてしまいます。

しかし、目的とは「伝えて・伝わり・理解する」であり、話すことは、あくまでも目的を達成させる手段です。

■「何のために」「何を」を意識して伝える

目的の中には、「何のために伝える」と「何を伝える」の2つのポイントがあります。「何のために伝える」は、目的を達成させるため、「何を伝える」は相手に理解や納得をしてもらうためです。

「話す」とは、**相手の心に届けることが大切**です。相手の心に届かない話では意味がありません。

話をする時、ほんの少し「何のために伝える」を意識するだけで、聞き手への伝わり方が大きく変わります。

また話の中で、何のために話しているか理解できても、「何を伝える」かが弱くて、理解してもらえない場合もあ

■2W1Hで話が変わる

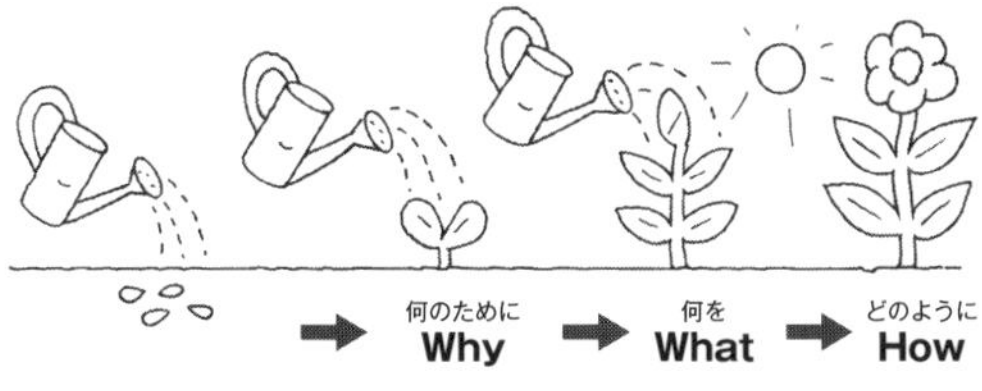

何のために
Why
何を
What
どのように
How

自分の中で「何のために」の種を育てて、目的達成という花を咲かせる

ります。それは、**話の内容が抽象的だから**です。具体的でなければ、相手には伝わりません。

たとえば、10人の人に「熱いお茶を持ってきて」と伝えたら、ある人は50℃、ある人は80℃、100℃……と、人によってまったく違う熱さのお茶を持ってきます。

それは、具体的な温度を伝えていないからです。「60℃のお茶を持ってきて」と言えば、全員同じ60℃のお茶を持ってこられます。

■理由のプラスαでさらに具体的に伝わる

実は、目的に理由をプラスαすることにより、さらに具体的に伝えることができます。たとえば、「お客様に出すため、お茶を60℃でお願いします」と言われたらどうでしょうか。お客様に出すという理由が明確なため、頼まれた人の気持やお茶の入れ方までも違ってくると思います。

話し方は、目的と手段で大きく変わるのです。

■プラスαで相手の行動が変わる

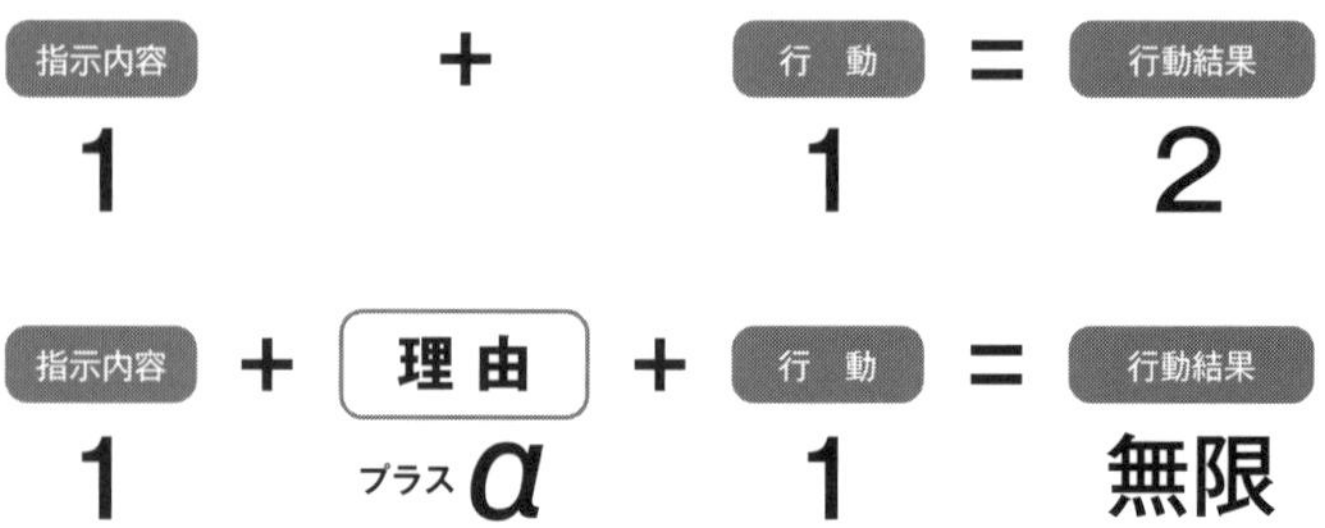

プラスαで結果が変わり、結果は無限になる

■目的が変われば能力も変わる

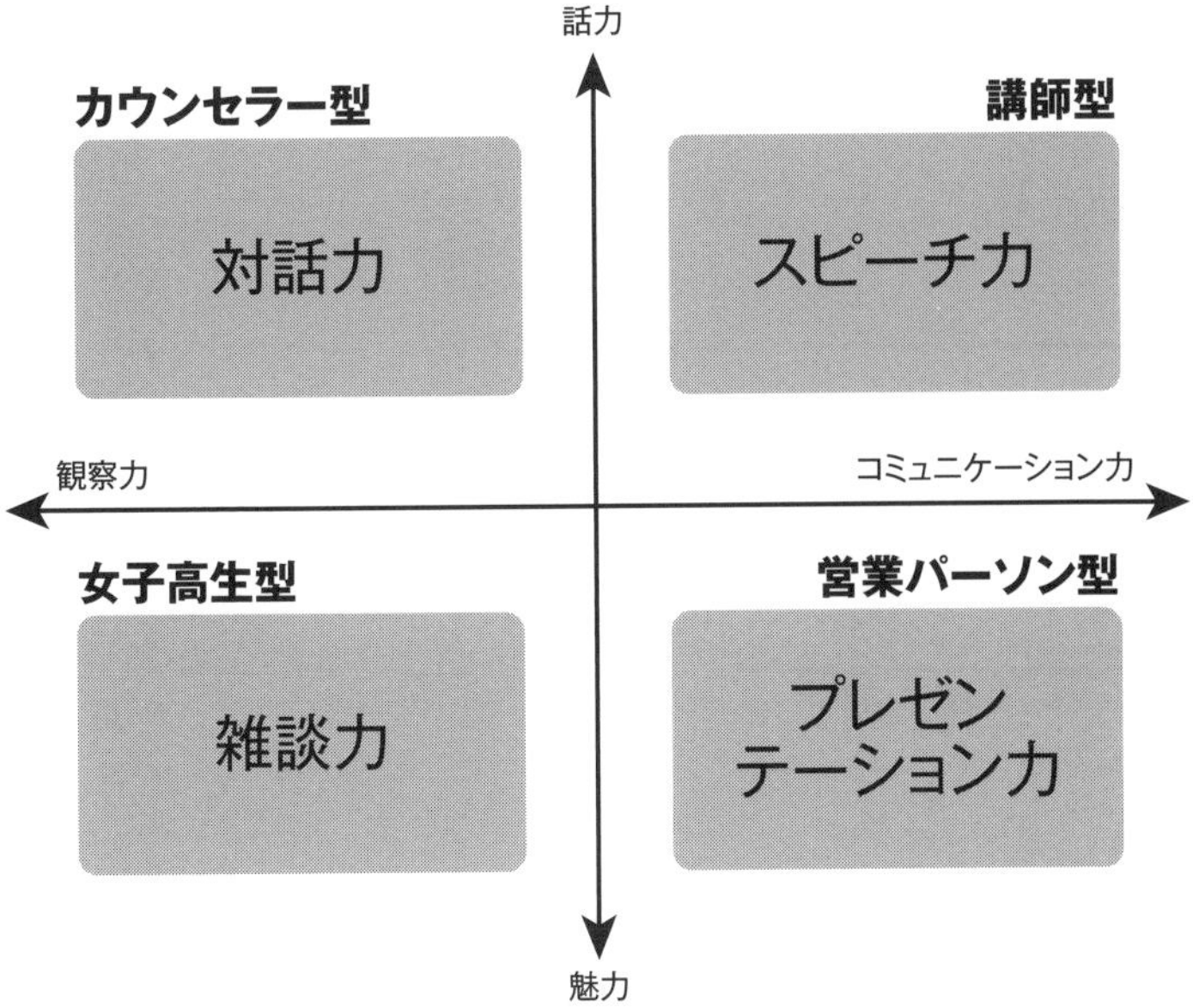

【カテゴリーごとの特徴】

講師型	相手とコミュニケーションをとりながら、伝えていく話力が必要。人数が増えるほど難易度が増す。
営業パーソン型	営業パーソン自身が魅力であり、魅せる力でコミュニケーションをとりながら、説得・納得させていく。
カウンセラー型	相手と向き合いながら対話をする。話を引き出すために、観察して傾聴する力が必要。
女子高生型	次から次へと話題が変わってもついていける能力と、状況判断するための観察力が必要。

どれでも対応できるよう、練習あるのみ！

ルーティンで緊張をほぐしリズムをつかむ

■スター選手もやっているルーティン

ルーティンとは習慣であり、「決まりきった行動」「日々の流れ」などを言います。スポーツの世界ではよく見られますが、そのルーティンで話題になったのが、海外でも活躍するラグビー選手の五郎丸歩さんです。

あのポーズだけがルーティンだと思う方もいますが、実はボールを置く前から蹴った後までの一連の流れがルーティンです。イチロー選手にいたっては、打順待ちからバッターボックスに入り静止して構えるまで、10種類以上

■ルーティンは自分のリズムを作る作業

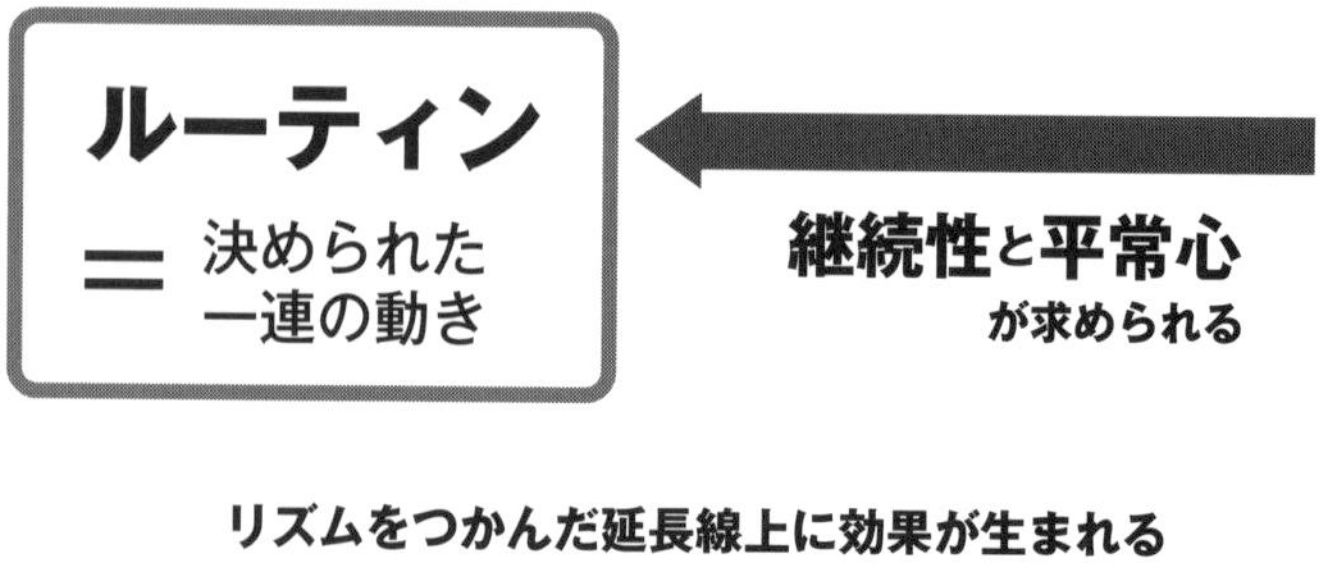

ルーティン
＝ 決められた一連の動き
継続性と平常心が求められる
リズムをつかんだ延長線上に効果が生まれる

のルーティンがあると言われています。

■ルーティンの5つのメリット

話し方でルーティンを取り入れるメリットとしては、5つあります。

1つ目は、**集中力を高める効果**です。話す時は、目や耳から入ってくる外的要因の情報と、「よく見られたい」「失敗したくない」など自分の心の中に生じる内的要因がありります。ルーティンで集中することにより、そうしたマイナスを排除できます。

2つ目は、いつもと同じ流れで話す準備ができるということです。いつも同じルーティンをすることによって、話す流れや、**自分のリズムをつかみやすくなります。**また、無意識に、いつもの一連の流れで人前に出て話すことができます。

3つ目は、**不安と緊張、ストレスの軽減**です。誰もが人

■ルーティンは話のオートマチック

【話し始めるまでのリラックス行程】

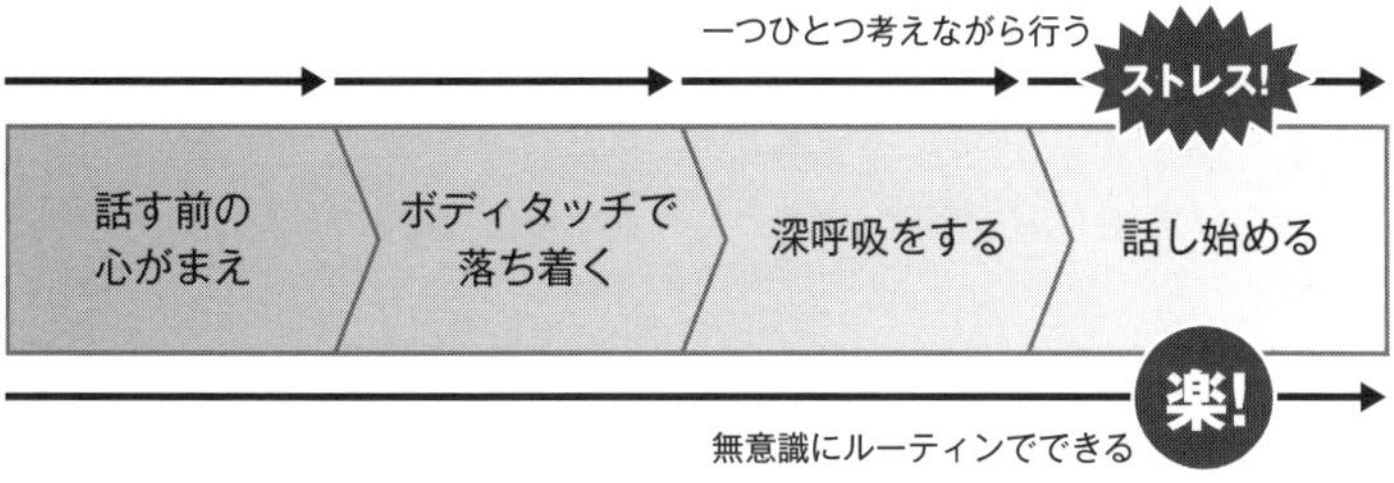

何も考えずルーティンができれば、ストレスが軽減される

前に出る時は、自分との葛藤があり、逃げ出したくなると思います。しかし、ルーティンをすることにより、不安や緊張が、安心感に変化していきます。同じことを繰り返し行うことで、自分を最高の状態に持っていくのです。

4つ目は、**余計なことを考えなくてもすむという効果**です。たとえば、話す前にルーティンがなければ、スピーチの出だしや終わり方など、どうやればいいだろうかと毎回悩んでしまうかもしれません。そうなると、思い通りの話し方ができる時もあれば、できない時もあるなどムラが出てきてしまいます。余計なことを考えず、話に集中できる環境を作ることが大切です。

5つ目は、ホームグラウンドで話している気持ちになれることです。自分のホームグラウンドと思えば**精神的に落ち着き、リラックスして話ができます。**つまり、ルーティンによって、どんな場所でも自分の実力を出し切れる環境を作るということです。

■話す際のルーティン例

話す前	話す時
・前日に明日の成功をイメージ ・会場に入る前に1分瞑想して集中 ・体のどこかを触り、心のスイッチを入れる ・話す目的だけを考える	・マイク位置を調整して心を落ち着かせる ・会場全体(参加者の顔)をZ字の流れで見る ・一度大きく深呼吸 ・軽く一礼してから話し始める

自分に合ったルーティンを見つけ、いつも実行する

■ルーティンで話し方が変わる

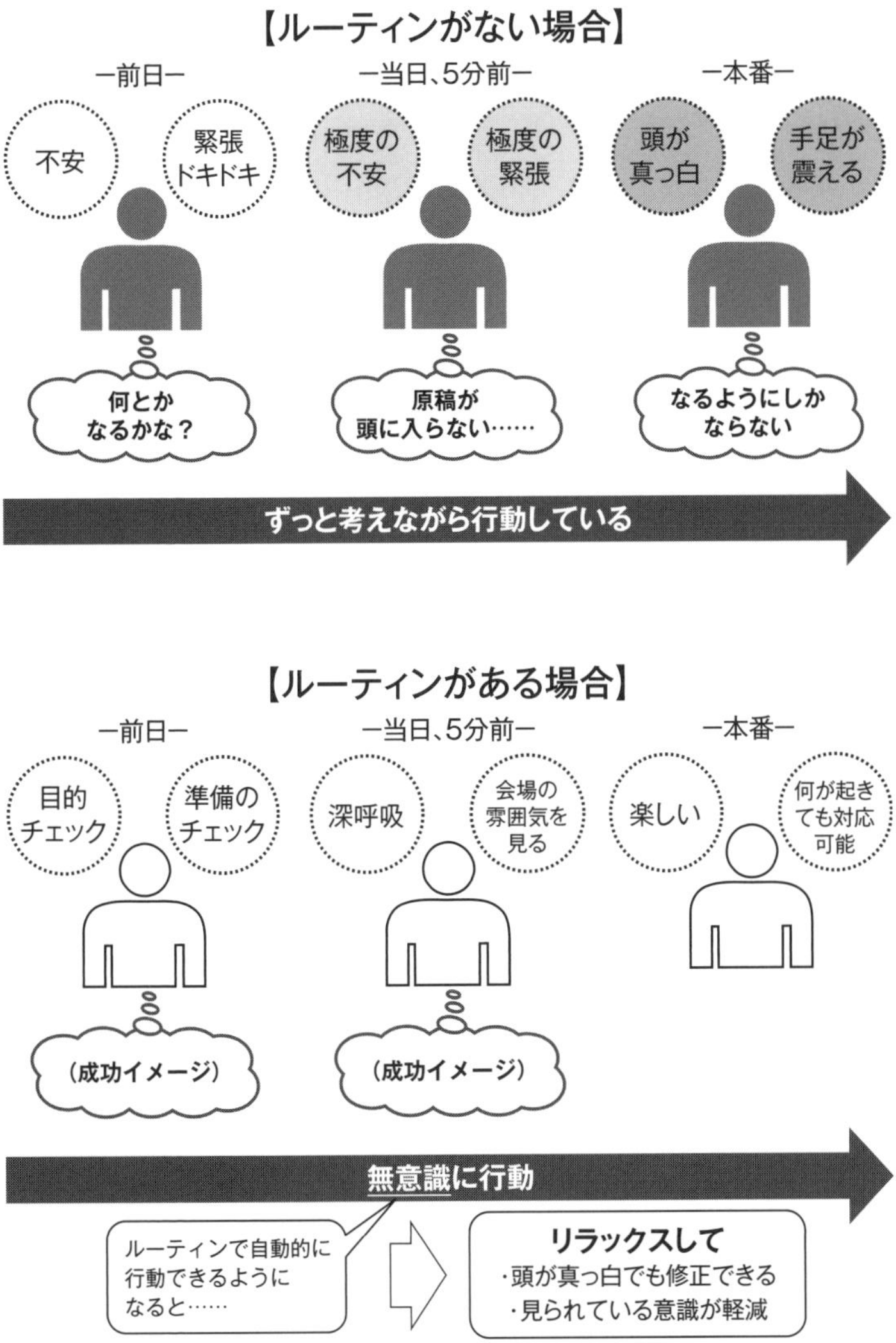

ルーティン化で緊張を自分の味方に変えられる

手抜きで「あがり症」を克服する

■行きすぎの本気が仇になる

あがり症の多くの人は、真面目ですべてにおいて本気です。向上心が強く、妥協を許しません。それが高じて極度の緊張を呼び、あがり症となります。その背景には、強い不安があり、不安だからこそ、すべてにおいて完璧にやらなければ気が済まない、という気持ちが強くなるのです。

ある意味、話すことに**「本気」な証拠**なのですが、緊張が行きすぎ（67ページ図参照）であり、少し手抜きをすれば最高のパフォーマンスを出すことができます。

■手抜きをするのもひとつの手

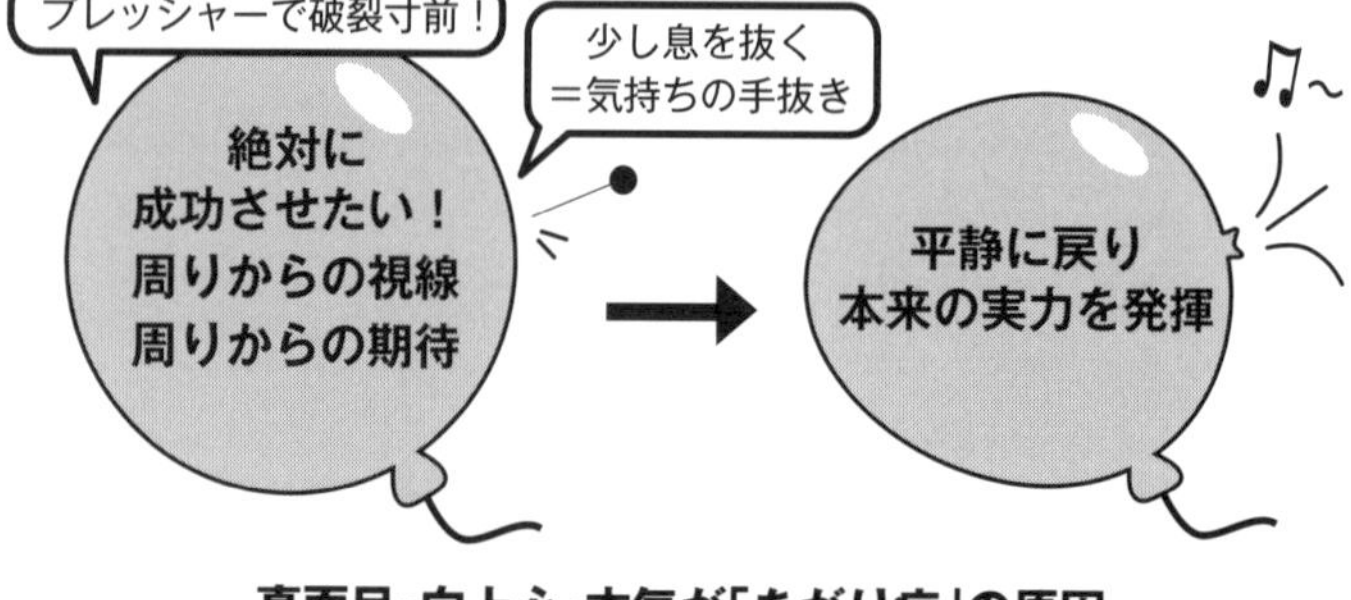

真面目・向上心・本気が「あがり症」の原因

■自意識過剰による緊張は客観視で克服

自意識過剰は、他人からどう見られているかを強く意識する性格のことです。他人から**「もっとすごい人だと思われたい」という気持ちが必要以上に強い**ため、緊張を高めます。そのため、本来持っている実力を発揮できません。

解決方法は、自分自身を客観的に見ることです。自分の話している姿をスマートフォンなどで動画撮影して分析すると、それほど悪くないことに気づくでしょう。客観的に見て、いつもの自分で大丈夫とわかれば、自意識過剰を克服できます。

■神経質な人や小心な人は自分のいいところを探す

神経質な人や小心な人は、人前で話す時に、いろいろなことに気を使いすぎたり、本当にこれでいいのだろうかと考えすぎたりするため、うまく話せなくなります。

■イメージとリアルは違う

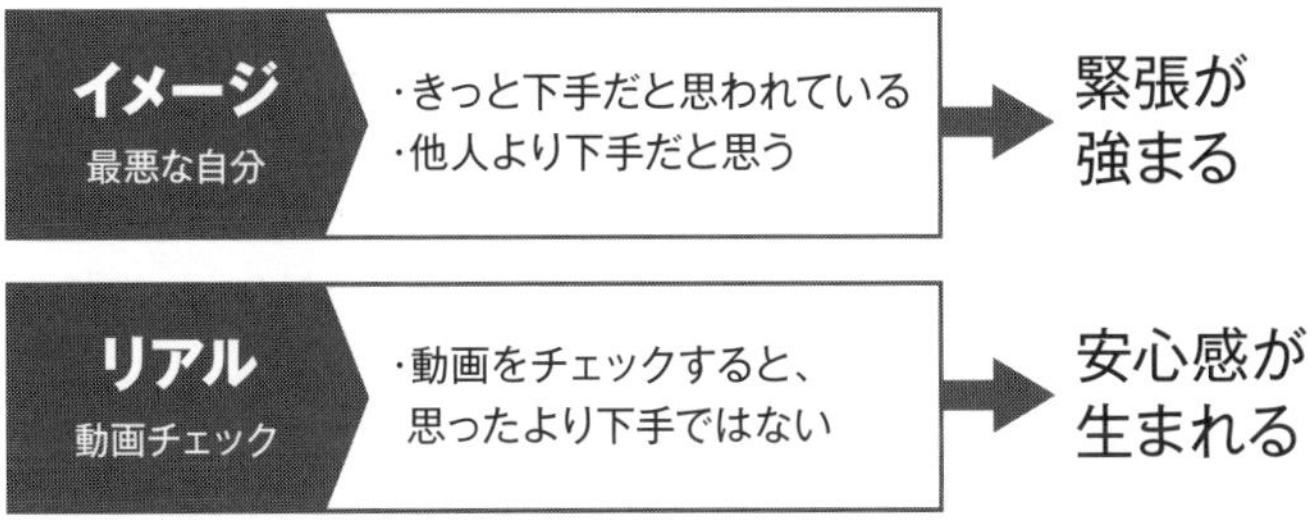
イメージ
最悪な自分
・きっと下手だと思われている
・他人より下手だと思う
緊張が強まる
リアル
動画チェック
・動画をチェックすると、思ったより下手ではない
安心感が生まれる

動画を撮ってみると思った以上にできる自分に気づく

解決方法は、話している時に動揺しないためにも、普段から**自分のいいところを見つけるよう意識すること**です。また、人前で話した後は、できなかった反省点でなく、できたところを探すと、話すのが楽しくなり、あがらなくなります。

■コンプレックスや劣等感の強い人は比較をやめる

コンプレックスや劣等感の強い人は、常に誰かと比較して考える傾向があります。また、自分が他人より劣っていると感じやすく、周りにいる人が自分より立派に見えて、本来の実力を出し切れずに終わってしまいます。

解決方法は、**今の自分を100点として見ること。**そして、他人と比較せず、短所ではなく長所を見て、何事も逃げないことです。そして最後に、自分を好きになることです。この5つを意識すれば、徐々にあがり症は治っていきます。

■自分にプラスになれば比較する

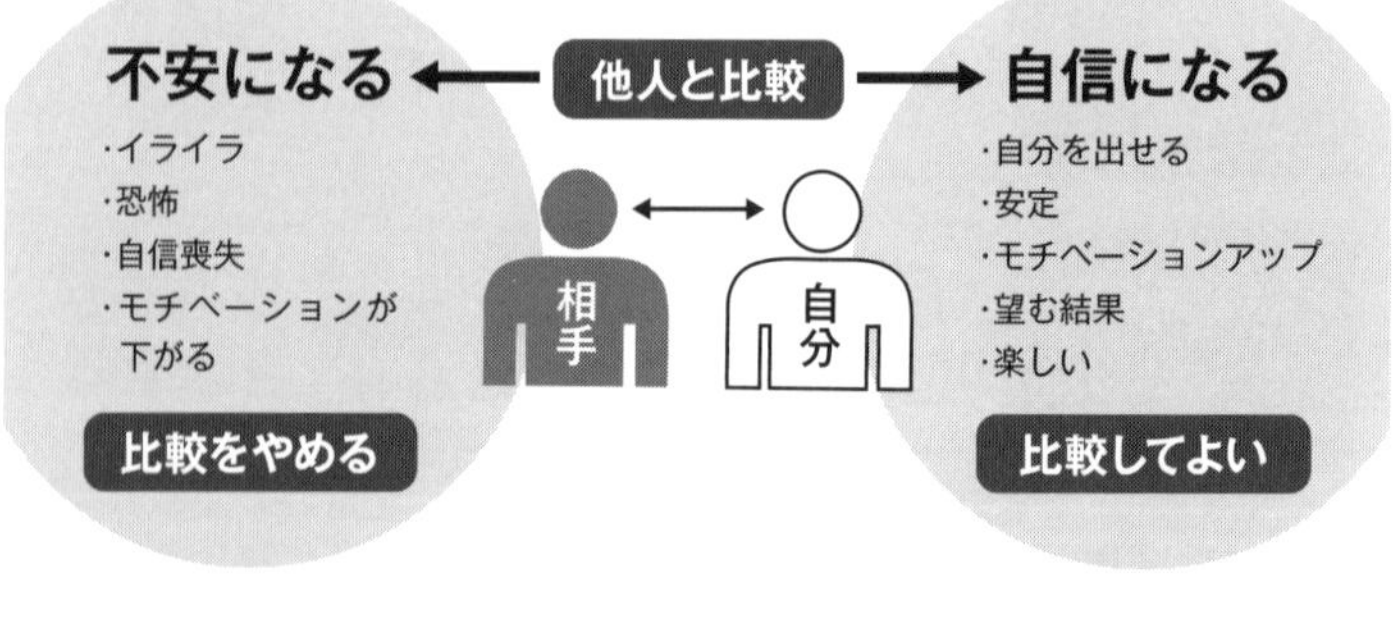

■あがり症は本気な証拠

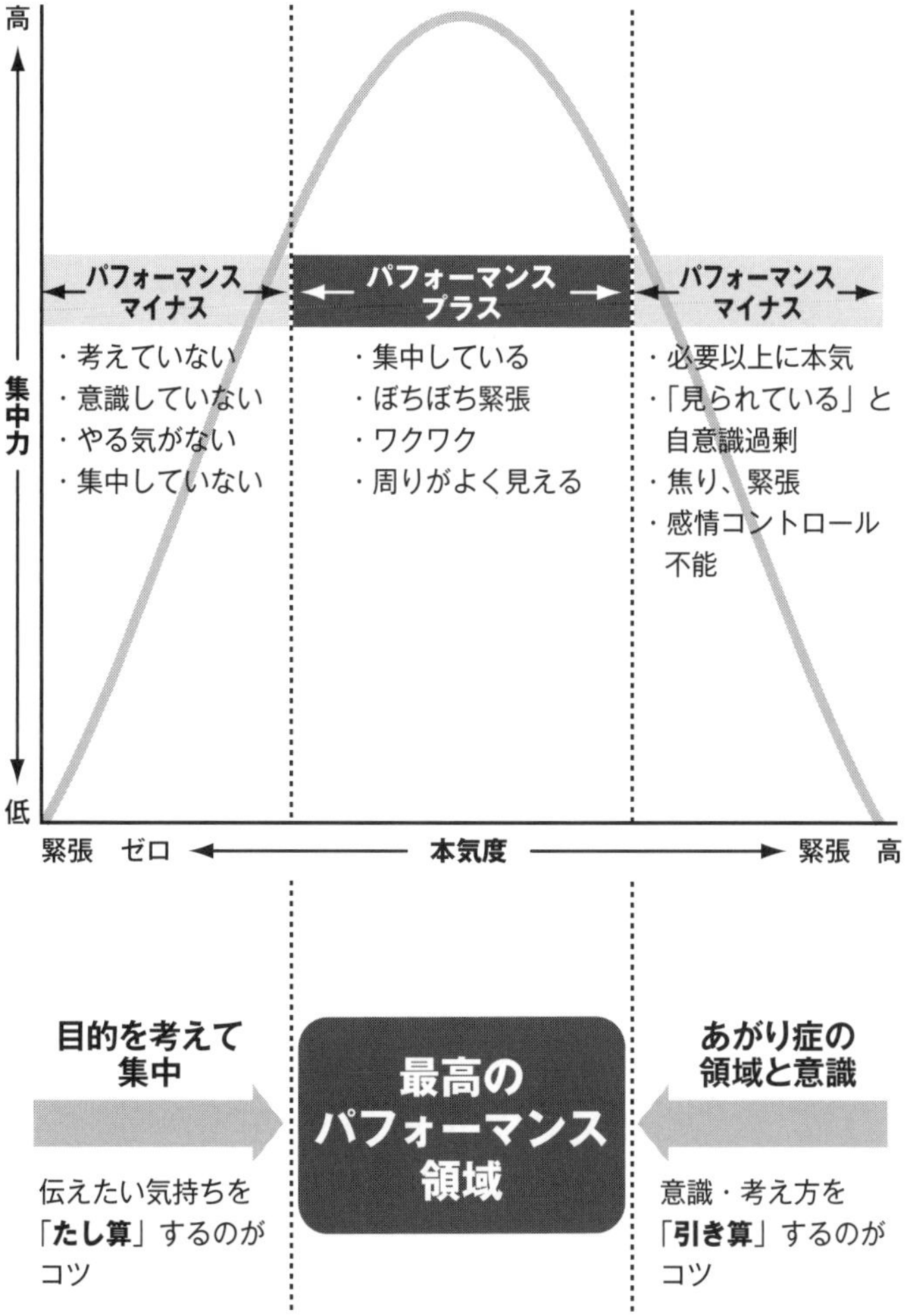

あがる手前の状態に戻すのが最良

1 目を見て話すトレーニング

■ 電車の乗客に相対して人の目に慣れる

電車で先頭車両の一番前に乗り、進行方向を背にして、乗客を眺めます。すべての人に目を配り、顔を見ます。

電車以外でも、たとえばよく人が集まる待ち合わせ場所の中心で、10分間、立ち続けるのもいいでしょう。

このトレーニングでは、以下の効果が期待できます。

- **徐々に相手とのパーソナルスペースに慣れる**
- **相手の顔や目を自然と見られるようになっていく**
- **自分のペースで話ができるようになっていく**
- **対人恐怖症が軽減される**
- **見られることに慣れてくる**
- **状況の判断力や観察力、洞察力が身に付く**

見ると同時に、見られることにも慣れる

2 原稿を見ずに話すトレーニング

■ 原稿から抽出したキーワードで話してみる

スピーチする原稿を書き、原稿を確認してから話し言葉に変えます。何度か原稿を読んでから、カテゴリーに分け、イメージしやすいキーワードを出します。キーワードから言葉が出るようになると、自然とスピーチできるようになります。

また、普段から右脳トレーニングをすると、効果が上がります。たとえば、10秒間だけ景色を見てから目を閉じ、頭の中に景色を描き続ける、といったことです。毎日やると、かなり正確にできるようになります。

景色を覚える
目をつむって頭の中で再現

これを毎日、続ける

3 滑舌をよくする筋弛緩トレーニング

■ 割り箸を噛んで話すだけで効果大

滑舌が悪かったりよく噛んだりする人は、テレビのアナウンサーなどもやっている、割り箸トレーニングがお薦めです。

①割り箸を奥歯でしっかりと噛む。アゴの筋肉を意識する

②苦手な早口言葉を 30 秒トレーニング

③割り箸なしで、早口言葉を 30 秒トレーニング

割り箸トレーニングにより、アゴの筋肉が緊張から弛緩状態になり、一気に口が軽く動くため、スラスラと言葉が出るようになります。私が知る限り、このトレーニングをきちんと行った方には、ほぼ 100%、効果が現れています。

滑舌は、頭で理解させるのでなく、アゴで覚えさせるのが効果的なのです。

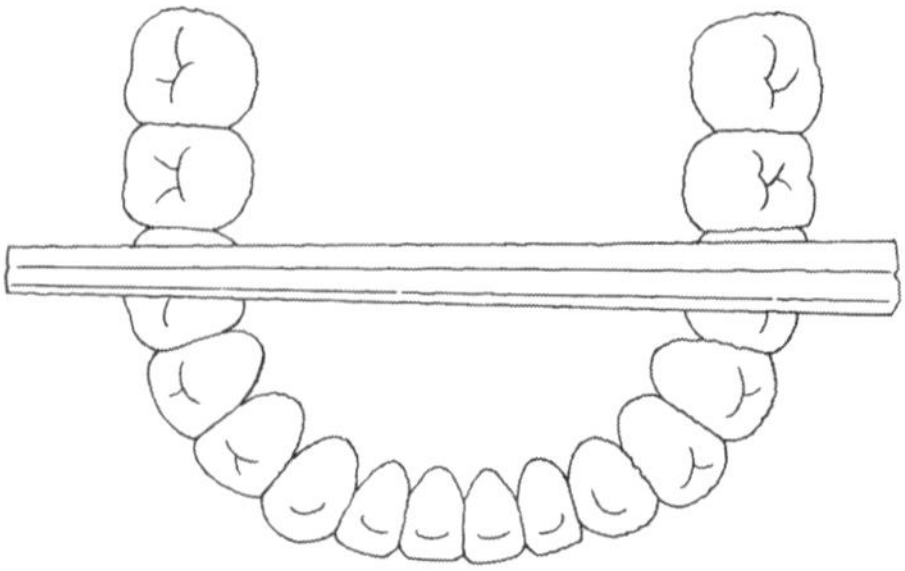

前歯から数えて６番目の
第１大臼歯で割り箸を噛む。

第 3 章

人に動いてもらえる伝え方

話を上手に、見せる・聞かせる7つの技

抑揚・スピード・間で言葉を心に届かせる

■話を理解させ、行動に結びつけるのが一流

あなたは、目的を持って相手と話をしていますか？　話とは、「伝える・伝わる・理解する」（34ページ参照）ことです。

どうしても伝えたいことがある時、三流は伝えることに満足し、二流は相手に伝わって安心しますが、**一流は理解してもらい、次の行動・結果を追求する**ものです。

伝達力とは、言葉を相手の心に届かせ、動かすことによって成立します。

■ゴールのある・なしで目的が決まる

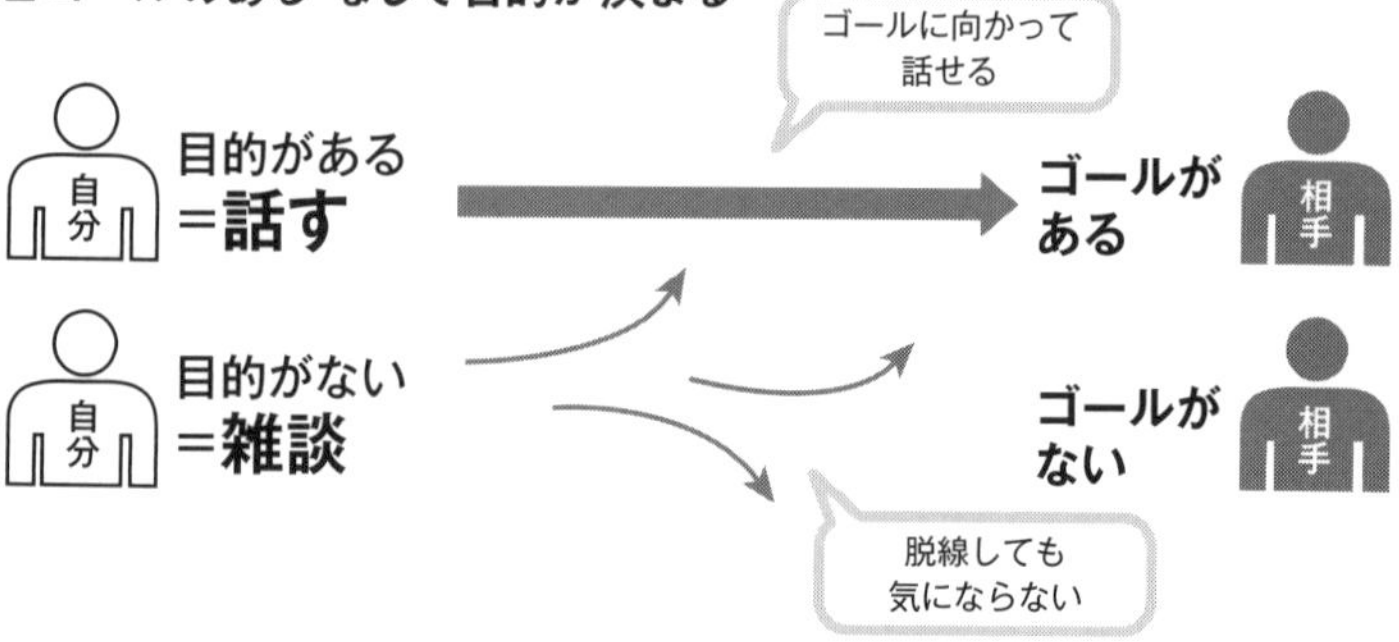

ゴールに向かってこそ話は進む

もし、あなたが本気で伝えても相手が動いてくれない時は、伝えたと思っていても伝わっていない、もしくは、伝わっていても相手に理解されていないということです。

■言葉に表情をつける

顔に表情があるように、言葉にも表情があります。その表情を生かすも殺すも**抑揚・スピード・間**であり、その使い方によって話し手の印象や伝達力も変わります。

たとえば、上司から名前で呼ばれる時、「○○さん」の語尾は上がっていますか？　下がっていますか？

語尾を上げて呼ばれると、明るく聞こえるものです。逆に、語尾を下げて呼ばれると、怒っているように聞こえたり、暗いような印象を受けたりします。

抑揚をつける時は、相手にどのような気持ちを受け取ってもらいたいかイメージすることが大切です。伝わり方の違いを意識して、語尾の上げ下げを練習しましょう。

■伝える・伝わる３つのコツ

抑揚	・声のボリュームに大小をつけてリズムを作る ・声の音程を上げ下げしてリズムを作る
スピード	・一定時間の中の言葉の数を増やしたり減らしたりする
間	・伝えたい言葉の手前で止めて注意を引く ・聞き手に考えさせたい時に空白の時間を作る

この３つで上手に聞こえたり、下手に聞こえたりする

■「間」が悪いと伝わりにくい

お笑いの世界では、よく「間が命」と言われます。それだけ、笑いにとって「間」は非常に大切で、「間」が悪い人を「間抜け」といいます。

会話やスピーチも同じです。伝えたい内容がよくても「間」のとり方が下手だと、伝わる内容が大きく違います し、まったく違う内容に感じてしまうこともあります。

ただ、多くの人にとって「間」をとるのはとても怖く、ついつい、伝えたい言葉を詰め込んでしまい、最終的に早口になってしまいがちです。

ある意味、早口で話せる人は、滑舌がよく、頭の回転が速い証拠でもあります。

よい面ではあるのですが、重要な内容を話す時には、スピードよりも**2、3秒の「間」を意識**したほうが相手にうまく伝わるのです。

■「間」の作り方テクニック

1. スロースピードで話し始める
2. 言葉を一つひとつ丁寧に届ける
3. 呼吸のタイミングに合わせて「間」を入れる
4. 自分の心の中で「ウン」とあいづちを打つ
5. 大きな声で話すと、途中で疲れて自然に「間」が生まれる

「間」で引きつけるチャンスを作る

■ビジネスの成果は5つのプロセスで決まる

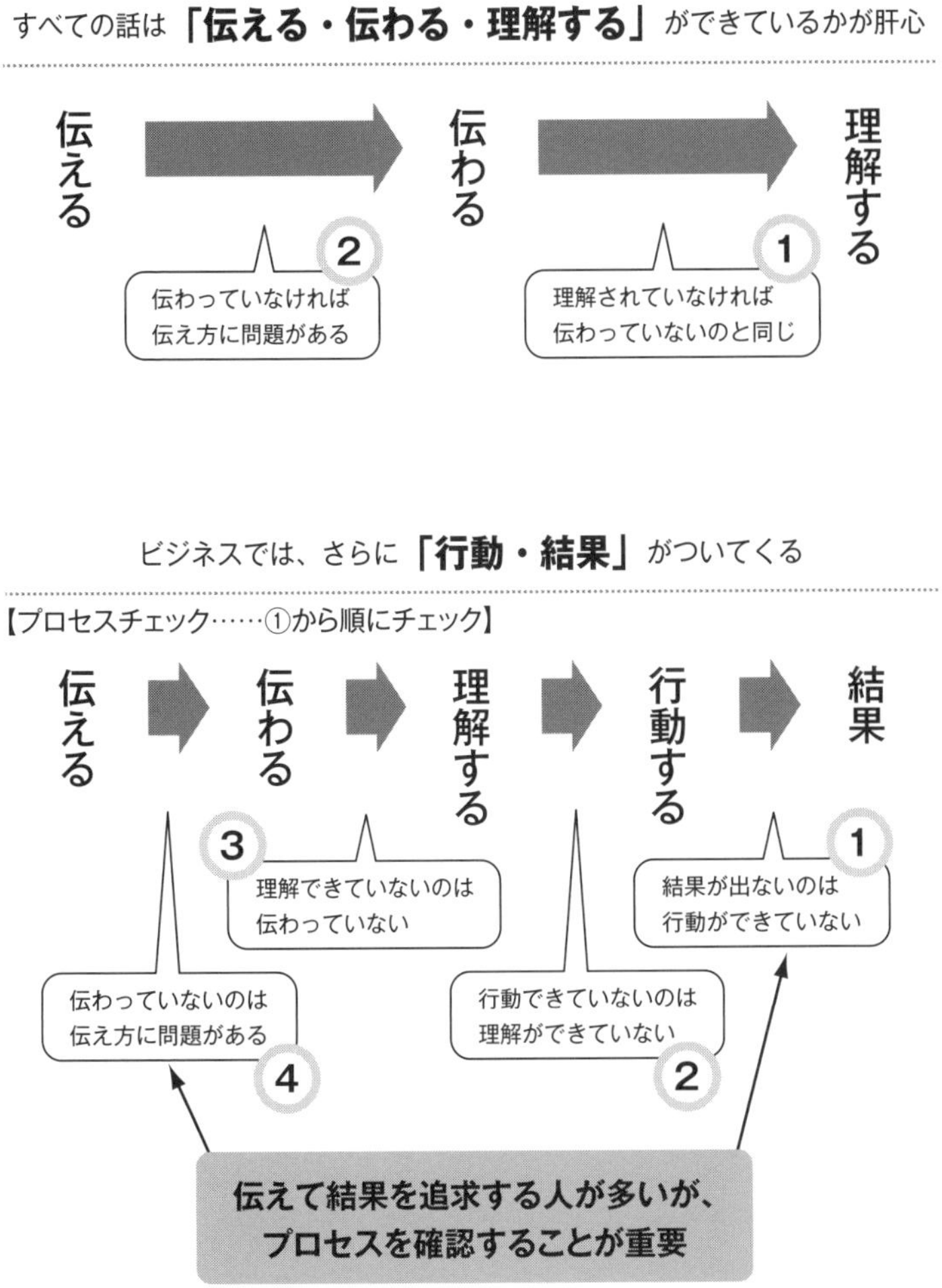

シンプルに考えると、結果が出ない原因が見えてくる

言葉の整理整頓で伝達力が向上

■ただ、何でも話せばいいわけではない

相手に本気で伝えたいと思った時、その気持ちが邪魔をする場合があります。「伝えよう、理解してもらおう、わかってもらおう」という気持ちが強くなればなるほど、話が長くなり、言葉数が多くなります。また、話さなくていいことまで話してしまうケースもあるでしょう。

それを避けるには、まず、同じ言葉や、似たような意味の言葉が重複していないかを考え、**思い切って捨てて整理することです**。重複があまりにも多いと、慣れてきて、聞

き手は右から左へ聞き流します。相手の心に届けたくてあえて重複する場合は、熱意を持って伝えましょう。

2つ目は、事例をいくつか出したり、たとえ話をしたりすることです。これも、多すぎるとくどくなって聞かれなくなるので、1つか2つがベストです。何事もやりすぎはいけません。一番伝わりやすいのはシンプルな言葉です。

3つ目は、ストーリーを細かく話しすぎないことです。よく、「あの映画、どうだった?」と聞いた時に、最初から最後まで、詳細に話す人がいます。それは、全体の中で何が一番大切か、何を伝えなければいけないかをつかむ力と読解力、捨てる力がないからです。話す前に、何を伝えたいかを考え余分な内容は捨てる、その勇気が必要です。

■話に酔うと余計なことまで言ってしまう

人前に出て話すと、興奮やプレッシャーなどで脳からアドレナリンが分泌されたようになり、言葉がスラスラと出

■捨てることで伝達力は向上する

整理整頓

①目や耳から入ってくる余計な情報や声を断つ

②相手にとって余計なことは話さない、伝えない、思い切って捨てる

③プライドを捨てる。言い訳をしない

④キーワードをまとめる

勇気を持って整理整頓すれば、言葉はシンプルになる

てきた。そんな経験はありませんか？

実は、その時に気をつけていただきたいことがあります。それは、自分の話に酔って、余計なことまでしゃべってしまうことです。自慢話や人の悪口、根拠のない話などをいつの間にかしていたりします。

話している時は気持ちがよいものですが、これでは、肝心なことが何も伝わりません。

■言い訳的な前置きは不要

話をする時、言い訳から入る方はいませんか？　たとえば、「突然のご指名なので……」「人前で話すのが不慣れなため……」などです。

言い訳から入るのは、とても残念です。これでは、「たいした話ではないんだな」と相手に誤解されてしまいます。また、聞く姿勢になっている相手も、聞く意欲が半減してしまいます。**余分な前置きは、整理整頓**してください。

■言い訳から入るデメリット

1. 自分自身の話すエネルギーが消える
2. 成長するチャンスを逃す
3. 常に自分には無理だと思ってしまう
4. ビジネスチャンスを逃す
5. 魅力が消える

謙遜と言い訳は別物

■ワンランク上の話し方のコツを覚えよう

【6つのポイント】

1. 話す時は、制限時間を決める

時間を決めれば余計なことを話さなくなるうえ、目的を明確にしやすい

2. 言い訳から入らない

準備ができていないことがバレるうえ、できないことを前提に話をしているので実力までバレてしまう

3. 調子に乗らない

スラスラ話ができているなと自分に酔った場合、相手から見るとダメダメな時が多い

4. 要点を伝える

要点のみでいい場合は大まかに話し、本当に伝えたいことは詳細に話す

5. 口癖を意識的に減らす

「え〜」とか「あの〜」が多すぎると、聞き手はイライラする

6. 接続詞を上手に使う

「しかし」「なぜ」「ところで」「要するに」など接続詞をうまく入れることにより、聞き手は整理しやすくなる

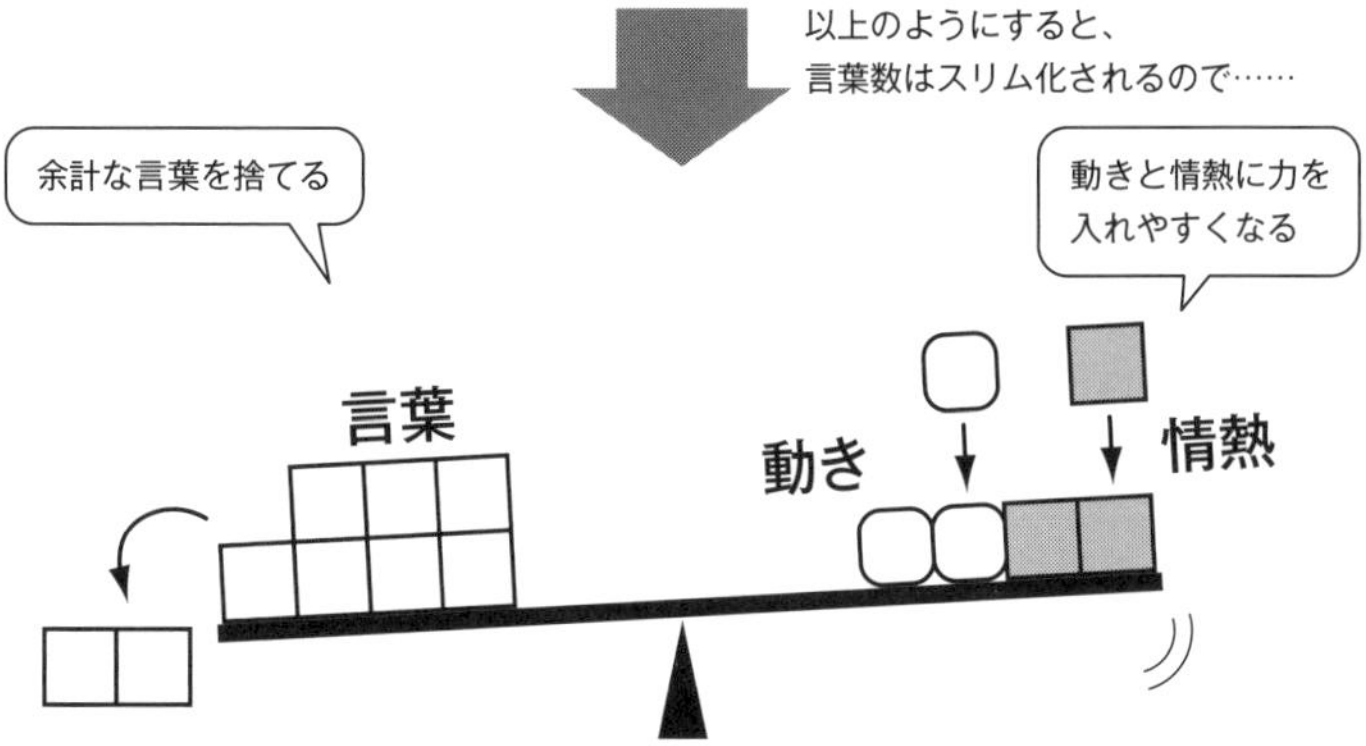

以上のようにすると、
言葉数はスリム化されるので……
余計な言葉を捨てる
動きと情熱に力を入れやすくなる
言葉
動き
情熱

動きと情熱のある話し方のためにも
言葉はシンプルに

引きつける話し方でプレゼンテーションがうまくいく

■話し方より資料作成に時間をかけるから失敗する

プレゼンテーションは、１人では成立しません。聞き手がいてはじめて成り立つため、当然、相手が聞きたくなるような話し方をする必要があります。

しかし、残念なことにほとんどの方が、話し方を考える時間より、資料作成に多く時間をかけているのです。そのため、資料の完成度は高いものの話し方に魅力がなく、聞き手の関心が集まらず、単なる説明会で終わり、最終的に何が言いたいのかよくわからない、ということになります。

■思わず聞いてしまうプレゼンテーションの技術

知る	目的	共感
「相手が」 ・何を求めているか ・何を期待しているか ・どんな問題を抱えているか	・プレゼンの目的を考える ・資料1枚1枚の目的を考える ・相手の目的を考える	・ポジティブに伝える ・パッションで話す ・イメージさせる

このようになる原因は、今まで誰にもプレゼンテーションの見せ方・聞かせ方・話し方などの方法を教えてもらう機会がなかったからです。

■相手を虜《とりこ》にする3分33秒

「虜にする3分33秒の法則」というものがあります。**はじめの3秒は第一印象、「初頭効果」**です。好印象・好感度・好意を持ってもらえるよう、最初の3秒は全神経を集中させることです。ここで聞き手によい印象を与えられれば、80％成功です。

次の3分間では、聞き手の気持ちをガツンとつかむ必要があります。慌ててスライドに入るのではなく、エンターテイナーとして、しっかりと相手を引きつけなければいけません。引きつけるポイントは、以下の3つです。

1．プレゼンテーションの目的を暗記して伝える

暗記がミソです。資料に書いていないことを伝え、聞き

■相手を虜にするための4つの壁

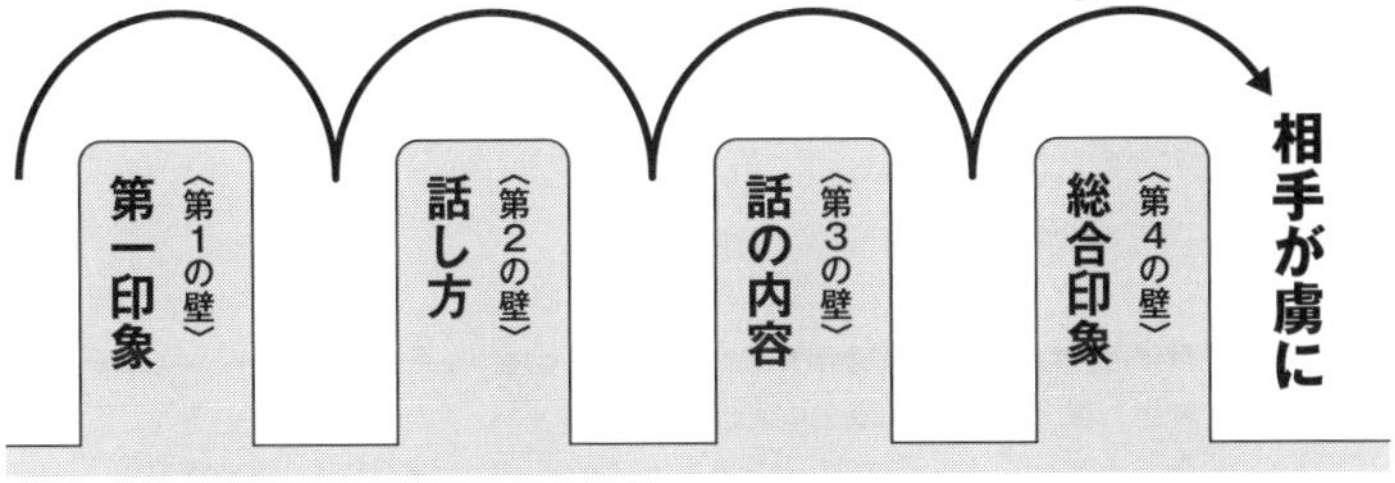

壁を越えれば、相手に動いてもらえる話し方ができる

手に「メリットがある話を聞かせてくれそう」「面白そう」と思わせたら90％成功と考えていいでしょう。

2．自分の言葉で伝える

借りてきたような言葉では、人は引きつけられません。内容を何度も読み、自分の言葉として伝えられるよう練習あるのみです。練習の目安は、プレゼンテーションの時間×10分。つまり、10分のプレゼンテーションなら、約100分の練習が必要ということです。

3．ジェスチャーで伝える

動きがなければ、聞き手の脳の思考力は次第に低下していきます。ジェスチャーで刺激を与え、聞き手の気持ちをロックオン。最後は30秒で勝負です。聞き手はここで、あなたの**総合印象を決定**します。聞き手に熱意が伝わるよう、心に強く訴えていかなければなりません。

以上のように最初の3分33秒を意識できたら、その後に何を話しても、あなたの話に興味を持ってもらえます。

■ジェスチャーの基本ルールを覚えよう

手は「前へならえ」の状態よりも下になると、聞き手の目線が下半身に集まるのでNG

聞き手が多い場合、手は横に大きく動かすジェスチャーをすると全体に伝わりやすい

肩幅より小さくジェスチャーをすると、モジモジしているように見えるのでNG

■プレゼンテーションで大切な３分33秒を使い切る

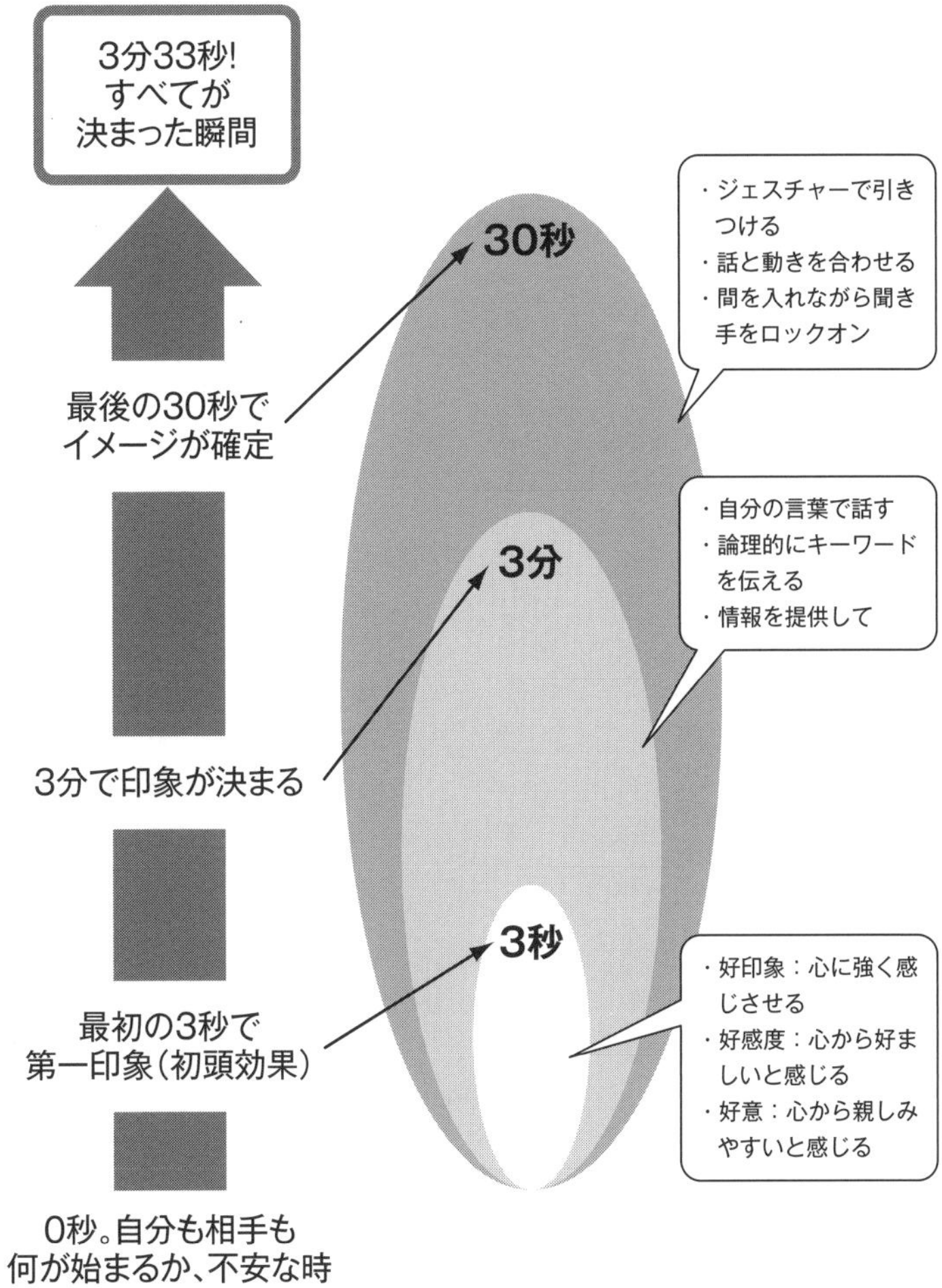

冒頭がうまくいけば最後まで聞いてもらえる

軸がブレない枝葉のスリーツリー

■軸を持たせて話し上手に

話が長くなったり、途中で脱線したりして、どうしたらいいか悩んでいる人も多いと思います。

なぜ、こうなってしまうのかわかりますか？　それは、話の「軸」がブレているからです。話の軸とは、筋道であり、人間の体でいえば背骨です。背骨がなければ人間が立っていられないのと同様に、軸がなければ話がころころ変化するのも当たり前です。話には軸を持たせ、さらに枝葉を付けることによってはじめて、相手に伝わるのです。

■串団子のように話そう

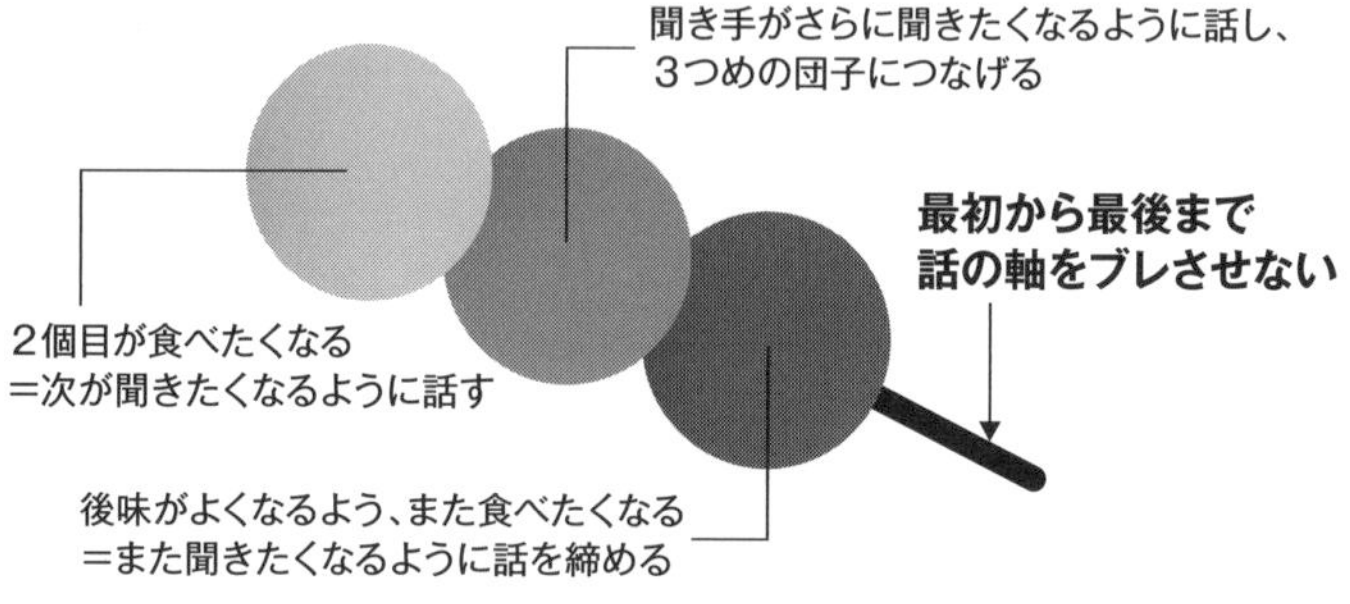
聞き手がさらに聞きたくなるように話し、
3つめの団子につなげる
最初から最後まで
話の軸をブレさせない
2個目が食べたくなる
＝次が聞きたくなるように話す
後味がよくなるよう、また食べたくなる
＝また聞きたくなるように話を締める

■時間軸と関連軸で枝葉を整理すると伝わりやすい

話は、枝葉によって広がりが変化します。しかし、枝葉に余計な情報が入ってくると、大切な情報が埋もれてしまう可能性があります。話の軸で何を伝えたいか**目的**を明確にし、目的を考えた枝葉に整理することが大切です。

枝葉は、**「時間軸」「関連軸」**で考えると、話し手は整理しやすく、聞き手はイメージしやすくなります。

時間軸とは、時系列に過去・現在・未来、あるいはその逆から伝えることです。関連軸で、関連する出来事や内容を伝える時も、「過去の出来事」「これからやりたいこと」などというように時間軸で枝葉を伸ばすことにより、相手に伝わりやすくできます。

話に時間軸と関連軸があれば、聞き手は、第三者にも伝えやすくなり、複数の人が同じ情報を共有しやすくなる、というメリットもあります。

■話を整理しやすくなるスリーツリーの書き方

ここまでの話の整理法をまとめると、**「スリーツリー」**という図になります（87ページ図参照）。

スリーツリーは、3本のそれぞれの木の幹を軸として、枝葉を広げていくイメージのロジックツリーです。1つのキーワードから、関連するキーワードや連想するイメージを広げていくため、話の軸がブレず、相手に伝わりやすくなります。

スリーツリーの書き方のポイントは次の通りです。

- **1つのキーワードに対して広げる枝葉は3つまで**
- **さらに広げる場合も、1項目につき3つまでとする**

3つまでに絞ることで、相手が内容を覚えやすくなり、イメージしやすくなります。話し手にとっても、話が整理しやすいうえ、キーワードを暗記しやすくなるため、原稿がなくても話せるというメリットがあります。

■話の軸がぶれない「スリーツリー」を使いこなそう

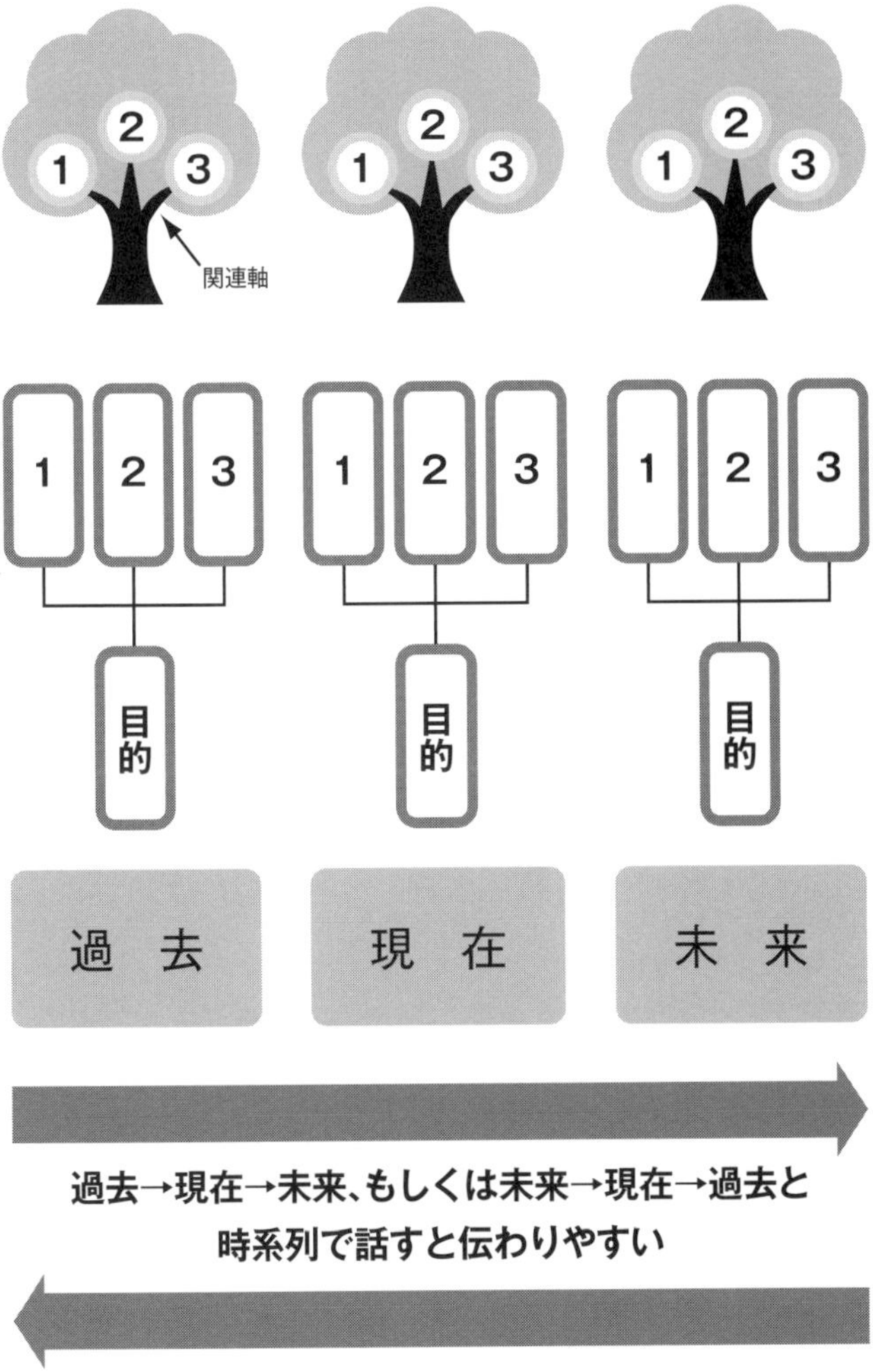

目的という幹を軸に
枝葉の関連事項へと広げていく

デキると思わせる論理的な話し方

■「論理的に話す」は実はシンプル

デキると思わせる論理的な話し方とは、難しい言葉を並べるのではなく、わかりやすく伝えること、それが条件です。

しかし、私の生徒を見ていると、話すのが苦手な人ほど「論理的に話してみて」と言うと、話が長くなったり、何が言いたいのかわからず結論が見えてこなかったり、話が脱線してしまったりします。「論理的」と言われると、説明を長く、難しく伝えようとしがちだからです。

■論理的な話とはポイントを押さえること

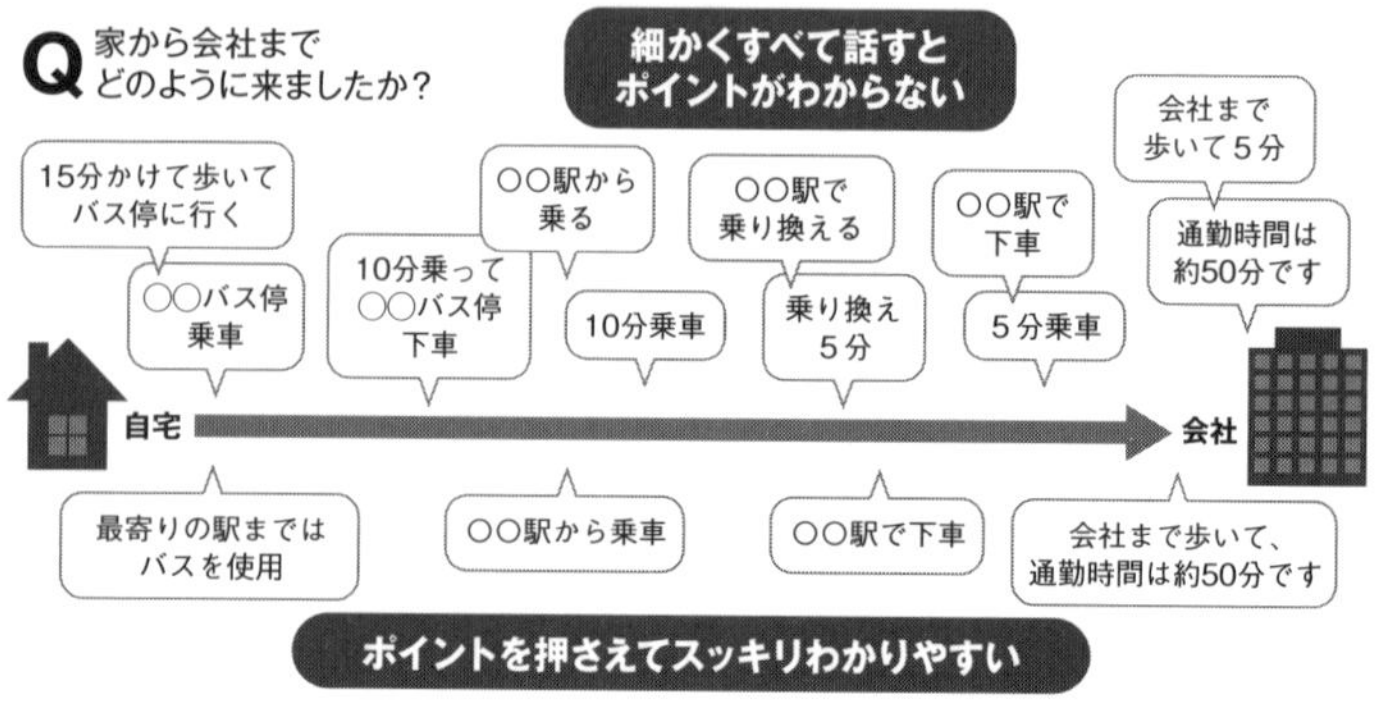

論理的に話すとは、実はとてもシンプルであり、いかに簡単に伝えるかが重要なのです。

■1分間のトレーニングで話し上手に

論理的に話す練習として、**「エレベータートーク」**をお薦めします。エレベータートークとは、ある起業家が投資家のオフィスのエレベーターに一緒に乗り込み、エレベーターが移動する1分間にプレゼンテーションを行い資金調達に成功した話からきています。

1分間の練習では、結論・理由・結論の3段階で、具体的にわかりやすく伝えることを意識してください。

まず結論から入ることで、重要なメッセージだと伝わります。次に、理由です。結論に結びつく理由を最大3つまで考え、根拠を明確にします。理由により、説得効果が生まれます。最後にもう一度、結論を伝えます。伝えたいことは、短いキーメッセージで何度も伝えることが大切です。

■エレベータートークは簡潔に

1. **キーワード**で**簡潔**に伝える
2. 抽象的でなく**具体的**に**数字**を使う
3. **誰でもわかる言葉**を使う
4. **滑舌よく**話す
5. どんな**価値**を**提供**することができるか

短くわかりやすく伝えることが人の心をつかむ

論理的な話し方は、会議やプレゼンなどでもダイレクトに伝わるため有効です。

■論理的に伝えるＰＲＥＰ法

論理的に伝える2つ目の方法は、「ＰＲＥＰ法」（91ページ参照）です。以下のように話せば、相手からは、「間違いない」と言われます。

Ｐ「今回提案したいのは、〇〇という新製品です」

Ｒ「なぜなら、従来の製品はコスト削減が課題でした」

Ｅ「実はこの新製品は、リサイクルにより、従来に比べてコストが2分の1になり環境にもやさしい商品なんです」

Ｐ「世界で特許をとったこの新製品だからこそ、コスト削減ができるうえ、価格もお値打ちです」

このように、結論から伝えることにより、相手に対して説得力が増す論理的な話し方ができます。

■伝え方の構成を組み立てる定番スキルを身に付けよう

【結論から伝えるPREP法】

P　Point：ポイントや結論を話す

↓

R　Reason：理由や背景などを話す

↓

E　Example：具体例や根拠を説明して話す

↓

P　Point：最初のポイントを強調して話す

【結論を重視した伝え方SDS法】

S　Summary：話全体の要約を伝える

↓

D　Details：詳細を説明する

↓

S　Summary：まとめて伝える

【考えを明確に伝えるDESC法】

D　Describe：状況を描写する

↓

E　Express：意見や考えを表現する

↓

S　Suggest：考えを提案する

↓

C　Consequence：結論の提示

目的に応じてスキルを使い分ける

何を話すかでなく、どう話すかで決まる

■「何を話すか」が4割、「どう伝えるか」が6割

人前で話すことが決まっていたら、あなたは何を考えますか。多分、何を話そうかと、話す内容に時間をかけると思います。しかしそれは、大きな間違いです。

時間をかけなければいけないのは、「どう伝えるか」です。時間のかけ方は、**「何を話すか」が4割、「どう伝えるか」が6割**です。何を話すかばかり考えていると、いいことを話さなければいけないと思い、いつの間にか自分にプレッシャーをかけて、自滅してしまいます。

■伝え方をもっと考えよう

アマチュア
何を話すか
相手を無視し自分軸で内容を考える
9：1
どう伝えるか
内容を考えるだけで時間切れ。あとは出たとこ勝負
プロ
何を話すか
一番伝えたい内容をストレートに考える
4：6
どう伝えるか
どうしたら伝わるか考える。描写・ジェスチャーなど

何を話すかより、「どう伝えるか」の準備に時間を費やす！

■伝達力をアップする熱意 ＋ 考え方 ＝ 情熱

人を動かすためには、「熱意 ＋ 考え方」が大切です。理屈だけでは、誰も動きません。なぜなら、人は、感情の動物だからです。

また、熱意に「考え方」をプラスすることにより、人を動かすのでなく、動いてもらえる話し方ができます。これができれば、努力感なく目標を達成させられます。

話し方が上手でも、熱意 ＋ 考え方がなければ、自分の気持ちを相手に届かせることはできません。

情熱を持つためには、心の底から本気で「こうしたい」と強く願うことです。**強い信念**こそが、自らを奮い立たせ、相手に思いを届けることができます。

本気で相手に話してみませんか？　間違いなくあなたは、ひと皮むけます。

■「伝える」を方程式で捉えてみよう

伝達力 ＝ 熱意 × 情熱

話力 ＝ 伝達力 ＋ 情報力 ＋ 魅力

雑談力 ＝ 話力 ＋ 観察力 ＋ ユーモア

コミュニケーション力 ＝ 雑談力 ＋ 傾聴力 ＋ 柔軟性

あらゆる会話の基本は、伝達力

■熱意の4タイプのどれに当てはまるかを知る

情熱には4種類のタイプがあります。自分自身がどのタイプかを理解すれば、相手に伝わる話し方を身に付けることができます。

1.自家発電タイプ

自ら自然と情熱が出るタイプです。話す時に空回りさえしなければ問題ありません。しかし、見られている意識が強くなりすぎると、「いいところを見せたい」と自分軸で考え失敗します。あくまでも基本は、相手のことを考え、**相手軸で考えながら伝える**ことです。それができれば、話し方に熱意が入り成功します。

2.他力発電タイプ

環境や相手によって情熱に火がつき、「あなたにしかできない」「あなたなら大丈夫」などと言われると、期待に応えようと自分の中でスイッチが入り、努力感なく熱くなるタイプです。また、自分は期待されていると自己肯定感を持つことができれば、徐々に話に熱意が入り、相手に伝わる話し方ができます。

3．充電タイプ

ここぞという時まで実力を出さないタイプです。ある意味「能ある鷹は爪を隠す」といえます。しかし、下手をすると、爪を出さずに終わる時があるため、**勇気を持って一歩前に出てください。** 日頃から周りを観察しているので、冷静かつ、熱いトークができます。

4．放電タイプ

情熱のレベルは本来、決して低くはないのですが、集中力が長続きしないのが弱点です。ある意味、車のバッテリーと同じで、放っておいたらあがってしまうため、目的やゴールを明確にして、場数を増やすのが放電しない秘訣です。話すことに集中できれば、必ず熱意を人に伝えられます。

■自分の熱意のタイプをつかもう

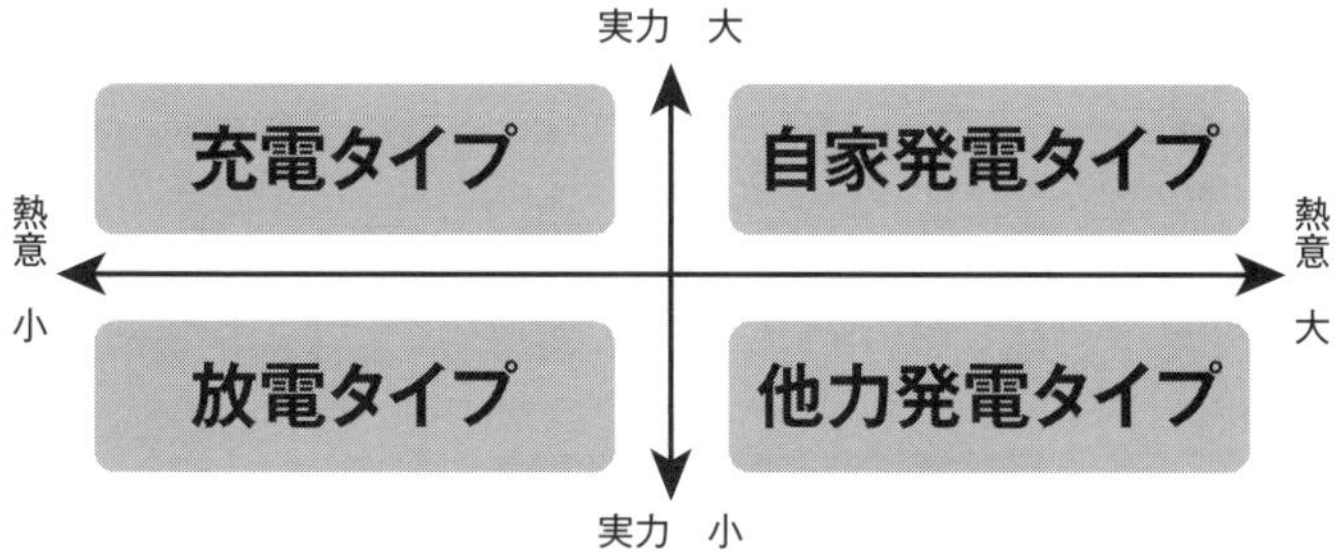

タイプを知ることも伝達力につながる

連想で会話のネタを出し続ける

■イメージ連想法で永遠に話ができる

「イメージ連想法」を使うと、次から次へとネタが出てきて、話が終わることはありません。また、わざと話を脱線させたり、誰もが予想もしなかったようなネタを出したりすることもできます。

やり方は、とても簡単です。会話の中でキーワードを見つけたら、その**キーワードから会話のネタを連想するだけ**です。

事例を見てみましょう。

■イメージ連想法は横に広げ、下に掘り下げる

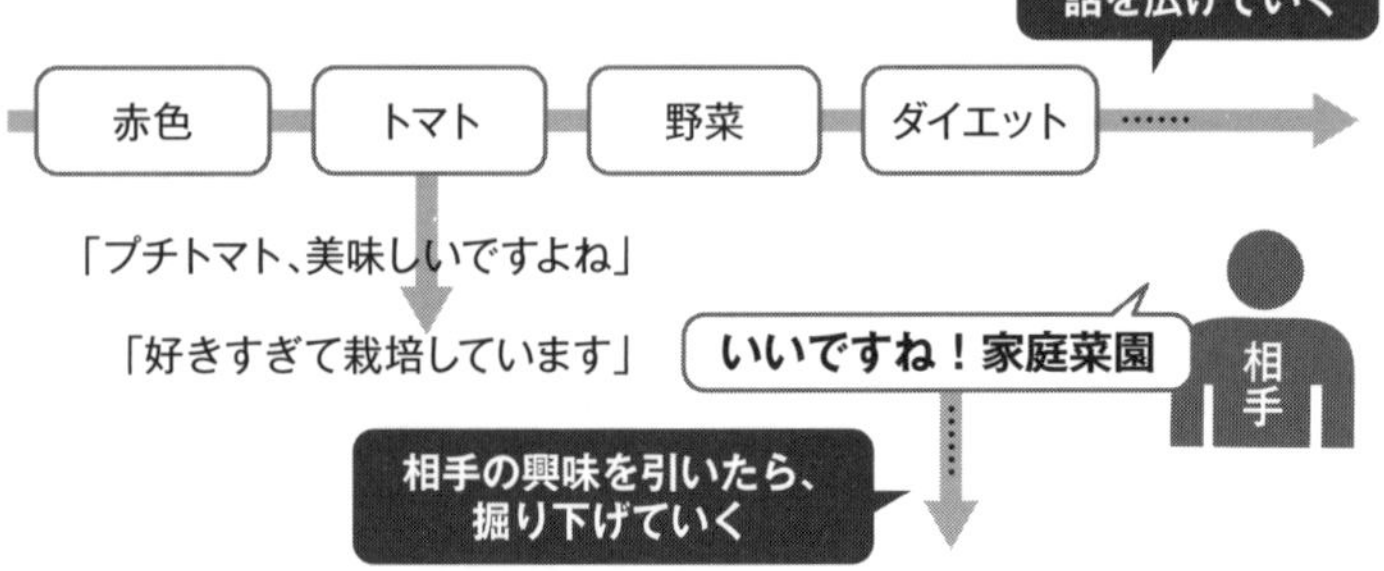

水平展開しながら話を広げていく
赤色
トマト
野菜
ダイエット
「プチトマト、美味しいですよね」
「好きすぎて栽培しています」
いいですね！家庭菜園
相手
相手の興味を引いたら、掘り下げていく

横と縦の２種類の広がりで、会話が永遠に続く

相手「先日、家族とパンダを見に動物園に行きました」
自分「それは、お子さんも喜んだでしょう」
相手「久しぶりに動物を見ながら家族でゆっくりすごしましたよ」

動物園の話がその後も続き、会話のネタが終わりそうな時に、キーワードを拾ってつなげれば、会話の流れを変えたり、続けたりすることができます。今の話のキーワードをパンダで続けると、こんな会話になります。

自分「全国で一番多くパンダが飼育されている都道府県はどこかご存じですか？」
相手「え、上野動物園以外にもいるのですか？」
自分「実は、和歌山県です。アドベンチャーワールドにはたくさんいますよ」
相手「今度の夏休みは、家族で関西方面に行こうかな」

どうですか？　こんなふうにキーワードを見つけて広げていけば、話題がどんどん変わって話が続きます。

■どうしても関連するキーワードが浮かばなかったら？

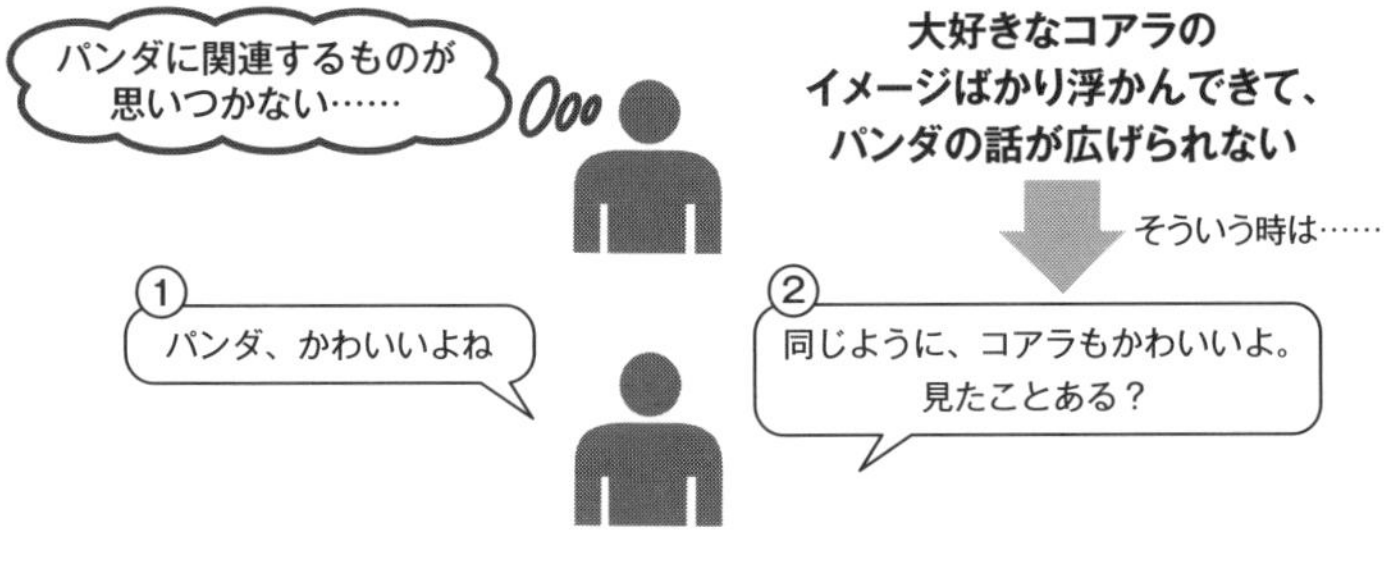

相手を受け入れてから自分の話に持っていくのも手

■キーワードを相手に振って楽をする

自分だけがキーワードを見つけて話を広げようと考えていると、疲れてしまいます。そこで、**相手にキーワードを振る**テクニックを身に付けてください。

事例を見てみましょう。

自分「最近オープンしたラーメン屋に行きましたか」
相手「あそこの豚骨ラーメンはとても美味しかったよ」
自分「細麺、太麺のどちらが好きですか?」

ラーメンから麺というキーワードを見つけて相手に振ると、相手は振られたことに自然の流れで答えてくれます。

ここでちょっと、雑学を入れてみるのもテクニックです。麺の続きで、「ストレート麺と、縮れ麺のどちらが、スープに絡むと思いますか? 食レポートでは縮れ麺だとよく言っていますが、実はストレート麺です」。こういった具合に振ってみるのも楽しいものです。

■イメージ連結をマスターするとどんな話題も広げられる

Q　30秒以内に「車」から何個イメージ連想できますか？

あなたのレベルをチェック!

合格

20個以上：　達人クラス

15〜19個：　上級クラス

10〜14個：　中級クラス

8〜9個：　初級クラス

5〜7個：　少しトレーニングが必要

3〜4個：　1日1回は、トレーニングが必要

3個以下：　朝昼晩とトレーニングが必要

不合格

A　回答例：放射状にキーワードを広げていくのがポイント

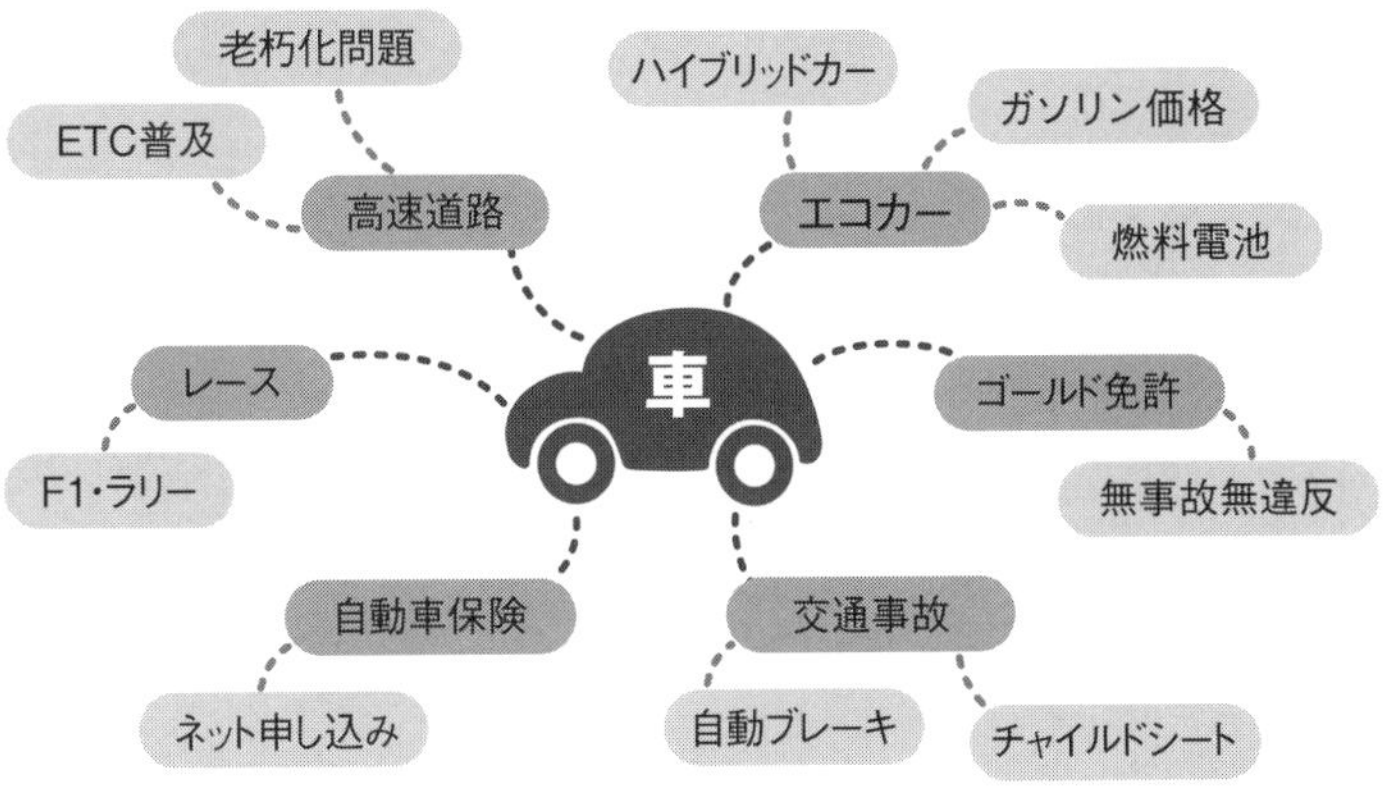

得意な話題では、深掘りで盛り上げられる

1 気が利く言葉の投げかけトレーニング

■ WatchとSeeの能力を鍛える

話し上手とは、相手が投げかけてほしい言葉を、ジャストタイムで伝えられる能力です。そうなるためには、観察力が必要になります。観察は英語で「Watch」、相手をよく見るのは「See」ですが、気が利く言葉をナイスタイミングで伝えるには、この2つの能力が必要です。

普段から、目の前にいる相手に対して、喜ぶ言葉を意識して伝えてみましょう。

- **目の前の相手をホメてみる**
- **ホメる時は、抽象的でなく具体的に**
- **大きなところをホメるのでなく、小さなところから**
- **1分以内に10個、ホメるポイントを見つける**
- **ホメてうれしいか、うれしくないかは関係ない**
- **愛する人を100個ホメることができたら合格**

2 スピーチで引きつけるトレーニング

■「魅せる・観せる・見せる」の3つを鍛える

相手を引きつけるには、「魅せる・観せる・見せる」です。

魅せるは、心を動かすこと。観せるは、心をつかむこと。見せるは、興味を持たせることです。

●魅せる（喜怒哀楽の表現）

・スピーチの時に、無表情ほど怖いものはない。常日頃、相手の話を聞く時には、喜怒哀楽の表現を意識する

・聞くことができたら、喜怒哀楽の表現でスピーチ

●観せる（デキると思わせる）

・経営者や歴史上の人物の武勇伝を覚えて使う

●見せる（見てもらう癖をつける）

・注目される場所にあえて座る。セミナーの席は常に一番前、映画館も一番前、質問も一番にする。これで、見られることに慣れてくる

相手の話を聞く時は、喜怒哀楽の表現を意識する

3 わかりやすく伝えるトレーニング

■ 簡潔にわかりやすく伝える力を磨く

長く話せる人が話し上手と思っている方がいますが、それは大きな間違いです。話し上手とは、「短い言葉でわかりやすく伝える力」です。単純な話を難しく話すのではなく、複雑で難しい話をわかりやすく話すのが話し上手です。

・１日の出来事をツイッターに 140 字以内で書き出す
・話す前に、「目的」を意識して話し始める
・今日の出来事を友達や家族に１分スピーチで報告する
・映画を観たり本を読んだりしたら、必ず感想と自分の考えをワンセットで伝える
・食事をした時に、「美味しかった」ではなく、何がどう美味しかったのか、具体的に伝える
・社内や友達の中で話し上手な人の話し方をマネする
・人の話を聞いて、その人の話し方を分析する

具体的に伝える練習を

第 4 章

本番で成果を出す
プロの話し方

大会場のスピーチでも会議でも堂々と話せる

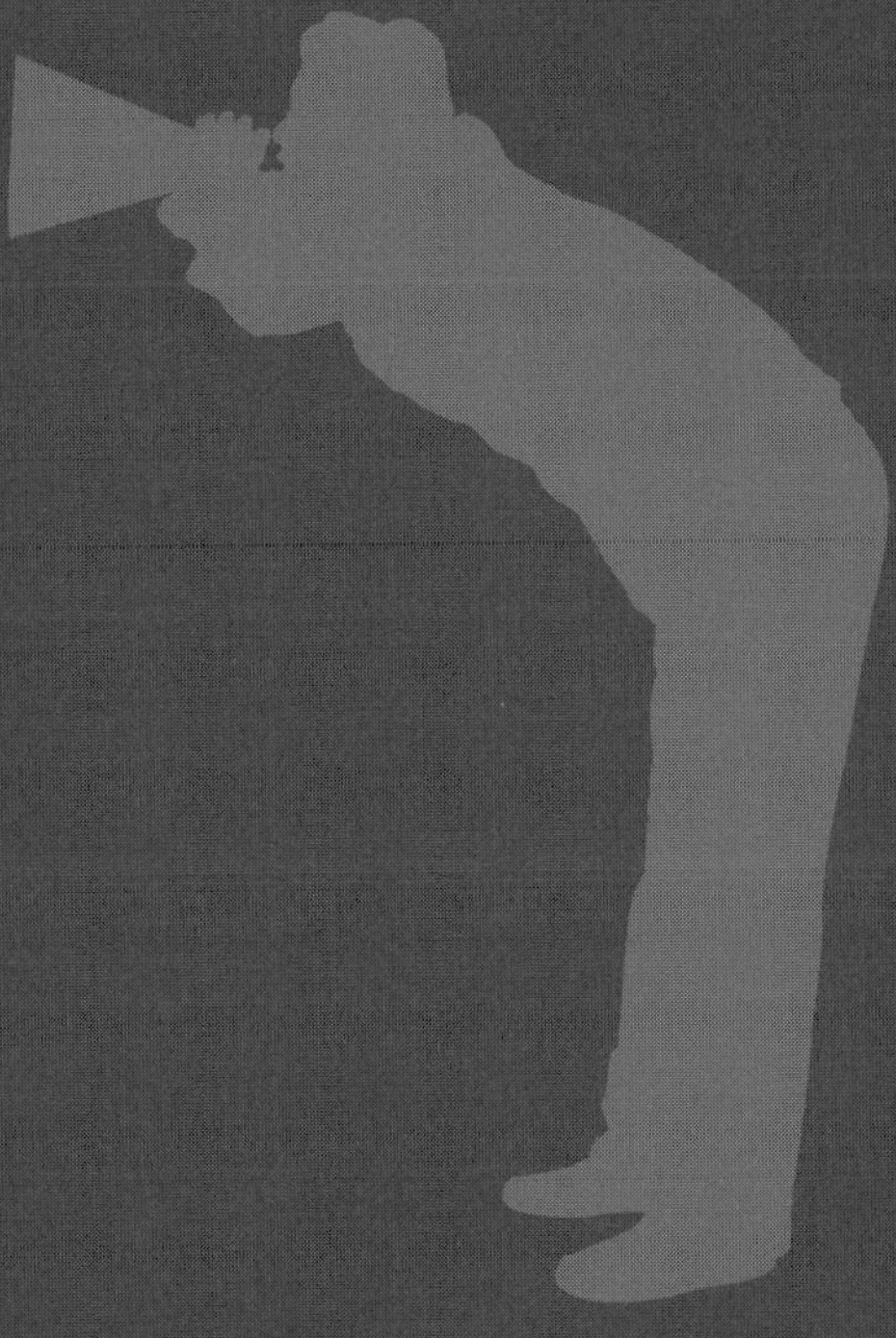

断言するスピーチで心をつかむ

■拍手を利用して聞き手を引きつける

人前で話す時に、よく拍手するシーンがありますが、プロとアマチュアは、ここから違います。

人を引きつけるために、プロは、**拍手が鳴り終わるまで待ちます。**アマチュアは、鳴り終わる前に挨拶をします。この差はほんの数秒なため、あまり影響はないと思うかもしれません。しかし実は、出だしが違うと、その後の聞き手の雰囲気が違ってくるのです。

このちょっとした「間」をうまく利用できるのが、プロなのです。

■相手との共通点を増やす

話し始める時は、相手との心に距離があります。短時間で距離を縮める方法は、**「共通点を増やす」**ことです。

たとえば、私は全国で講演活動をしていますが、現地にはなるべく早く到着して、地元の名産品を食べたり、街を見て回ったりして感じたことを、講演で本題に入る前に雑談として伝えます。相手がよく知っているものを私も知ることで、距離を縮めるわけです。

■言い切る断言力が人を引き込む

話に引き込むには、不安を感じさせない断言力が必要です。話の語尾に「〜だと思います」が連発したらどうでしょうか？　アマチュアは、断言が怖くて最後の語尾を濁しますが、プロは「〜です」と自信を持って断言します。

■伝え方をもっと考えよう

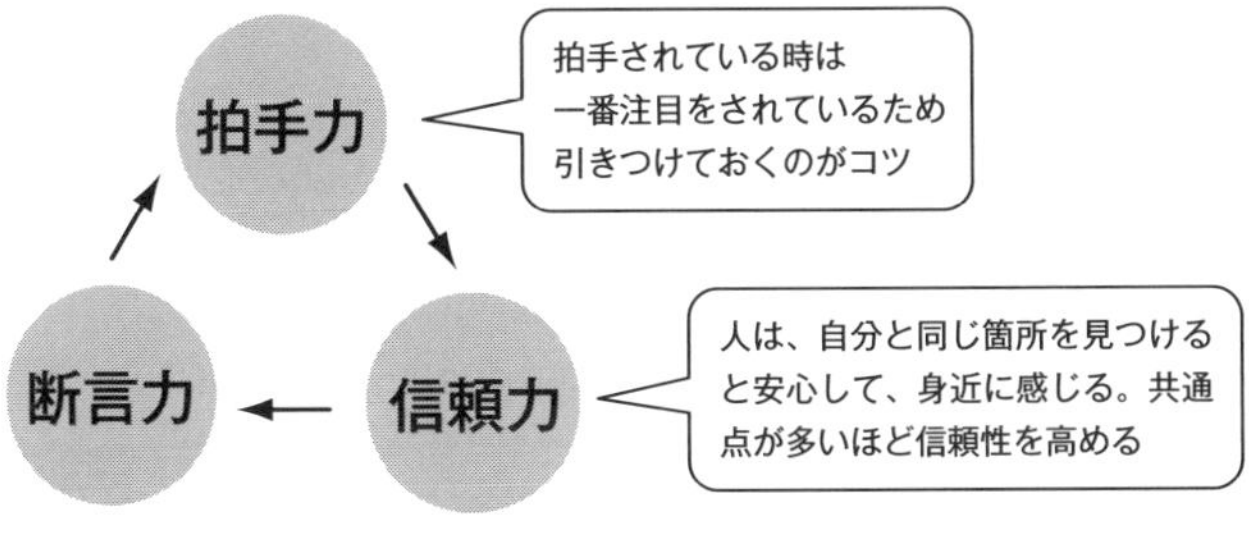

このサイクルを何度も回すことで相手はスピーチに引き込まれる

聞き手にとっては、断言されたほうが安心して話を聞くことができます。また、断言する言葉を使って多少、不安を感じていても、表情や動きでその不安を悟られないようにすることもプロの技です。

■相手の知りたい情報を届ける

どれだけ素晴らしい情報を提供しても、相手が必要としている情報でなければ、心をつかむことはできません。どんな時も、相手が知りたいことは何か、聞きたいことは何かと、**相手軸で考える習慣**が必要です。

相手の知りたい情報を届けるのがうまいプレゼンターの典型は、深夜についつい観てしまう通販番組です。

番組を観ていると、メーカーが伝えたいメリットより、実際に使ってみて、使う人の立場になりながら、商品の魅力を伝えています。また、消費者が聞きたい言葉をリズムよく伝えてくるため、画面に引き込まれ、多くのお客様の

■プレゼンテーションはプレゼントと同じ

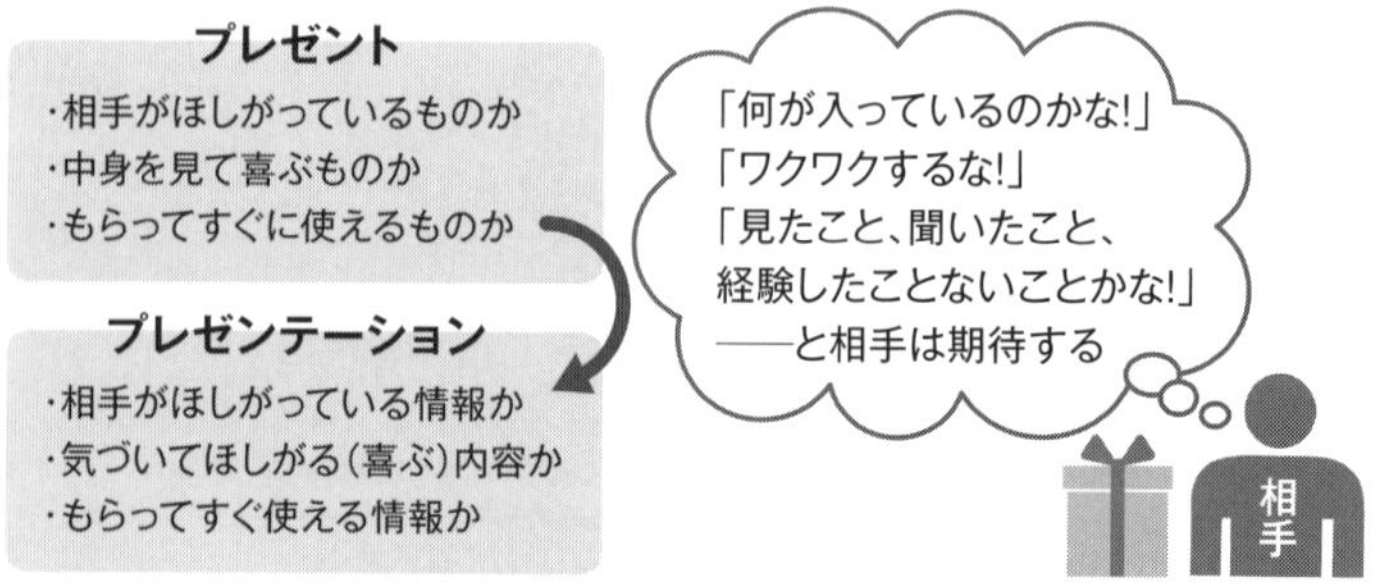
プレゼント
・相手がほしがっているものか
・中身を見て喜ぶものか
・もらってすぐに使えるものか
プレゼンテーション
・相手がほしがっている情報か
・気づいてほしがる（喜ぶ）内容か
・もらってすぐ使える情報か
「何が入っているのかな!」
「ワクワクするな!」
「見たこと、聞いたこと、
経験したことないことかな!」
――と相手は期待する
相手

もらってうれしくなければ意味がない

心をつかんでいると思います。こういうプレゼンテーションは、言葉のプレゼントです！

■話し方の因数分解でわかりやすく伝える

難しい話を難しく伝えるのは、できて当たり前のことです。難しい話を、わかりやすく伝えるのが、優れたスピーチになります。そのためには、**「心をつかむ話し方の因数分解」**をしてみることです。

因数分解のコツは、共通の言葉を探し、要点を整理しながらまとめてわかりやすく話をすることです。

自分の頭の中では理解できているので問題ないと思うかもしれませんが、相手は理解できていないかもしれません。そこをチェックするためにも、共通の言葉を拾い出せているかを、紙に書いてみるのもいいと思います。

話し方の因数分解は相手にイメージさせやすいので、相手の心をつかみやすくなります。

■会話を因数分解してみよう

【因数でくくる】

（例）$Xa + Xb + Xc \rightarrow X(a + b + c)$

【言葉に置き換えると……】

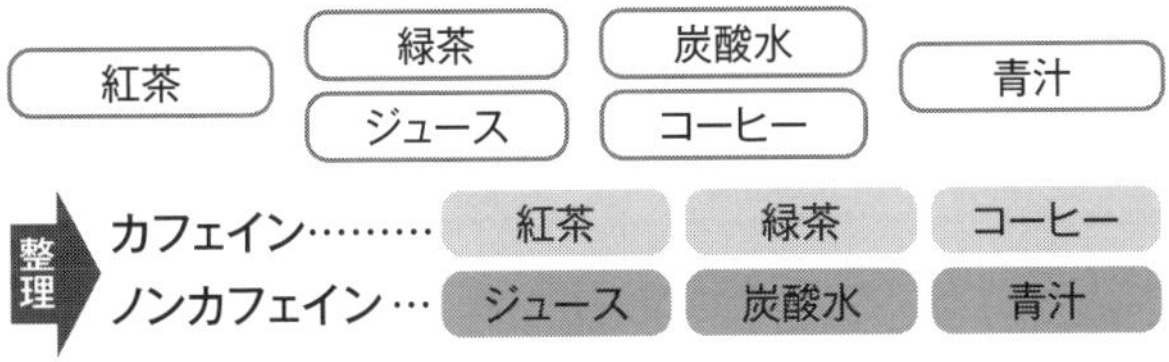

頭の中でくくり、整理するとわかりやすく話せる

会議で話が必ず伝わる技術

■話し始めの3秒と終わりの30秒は集中する

自転車が走り始める時は、大きなエネルギーが必要です。勢いがついたら、惰性で走ることができます。

実は、話し方も同じで、プロは**はじめの3秒に集中**し、言葉一つひとつを丁寧に、なおかつ、聞き手の呼吸のスピードに合わせた話し方をします。

たとえば、会議で最初に意識することは、こちらを見ている側に気持ちを切り替えること。そして、自分の話し方のリズムをつかむまでは焦らず慌てず、伝えることに集中することです。これで、相手にはよい印象が記憶されます。

以上を「初頭効果」（81ページ参照）と言います。初頭効果をうまくコントロールできると、会議での説得力が違ってきます。また、話を締めくくる時も大切です。話が終わりに近づいたと思うと相手の集中力も上がってくるため、**最後の30秒で伝えたいことをまとめて伝え**、よい印象で記憶させます。これを「親近効果」と言います。

話のはじめと終わりは、それぞれの効果があるため、手抜きをしないで集中して話しましょう。

■話すスピードをコントロールする

プロは、その場の状況を読みとり、話すスピードを自由にコントロールして、伝えるニュアンスを切り替えることができます。

相手が聞く姿勢になるまではゆっくりと話し、言葉を一言ずつ相手に置いていく感じで伝えます。また、一体感が

■会議では目的に応じてスタイルを変えよう

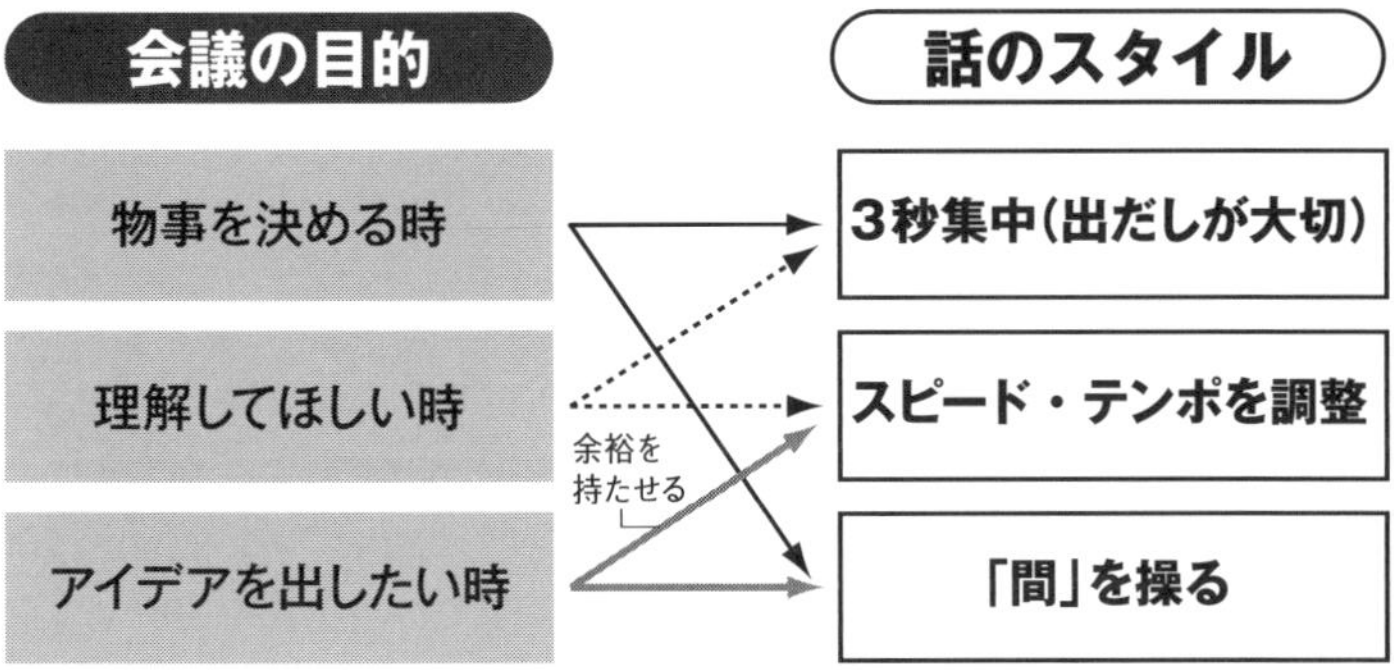
会議の目的
話のスタイル
物事を決める時
理解してほしい時
アイデアを出したい時
3秒集中（出だしが大切）
スピード・テンポを調整
「間」を操る
余裕を持たせる

生まれてきた時は、スピードをつけ、自分のリズムを作り、全体を引き込みます。

早口になりすぎると、言葉が走りすぎ、発音も乱れ、話全体が雑になるため、注意する必要があります。早く話して得することは何もありません。

自分の話すスピードが速いかどうかわからないという方は、携帯電話などで録音して聴くのもいい方法です。

■アイコンタクトで伝達力を上げる

まず、会議で話すのが苦手だからといって、下を見たり、資料を見たりしながら話すのは、相手に不安感を与えるだけなのでやめましょう。

そのうえで、会議ではアイコンタクトを使います。

アイコンタクトのメリットは、聞き手に対して、**「あなたに向けて話をしている」というメッセージを伝えられる**点です。また、コミュニケーションが双方向になることにより、伝達力が上がります。

会議で聞き手が下ばかり向いていたら、話し手のアイコンタクトがないからだと思ってください。

■ 客観的な数字は説得力あり

こんな言葉に聞き覚えはありませんか？

「みんな持ってる」

子どもが何か欲しい時に、親にねだる言葉です。そして親は、必ずこの言葉を返します。

「みんなって、誰？」

要するに、主観的なおねだりの言葉なので、買ってもらえないのです。

相手の心を動かすには、**客観性が必要**です。その代表が数字で、具体的な数字を入れることにより説得力が増します。細かい数字でなく、いわゆる「丸める」工夫や、単位の使い方によっても、相手の受け取り方は変わります。

■イメージしやすい数字に置き換えよう

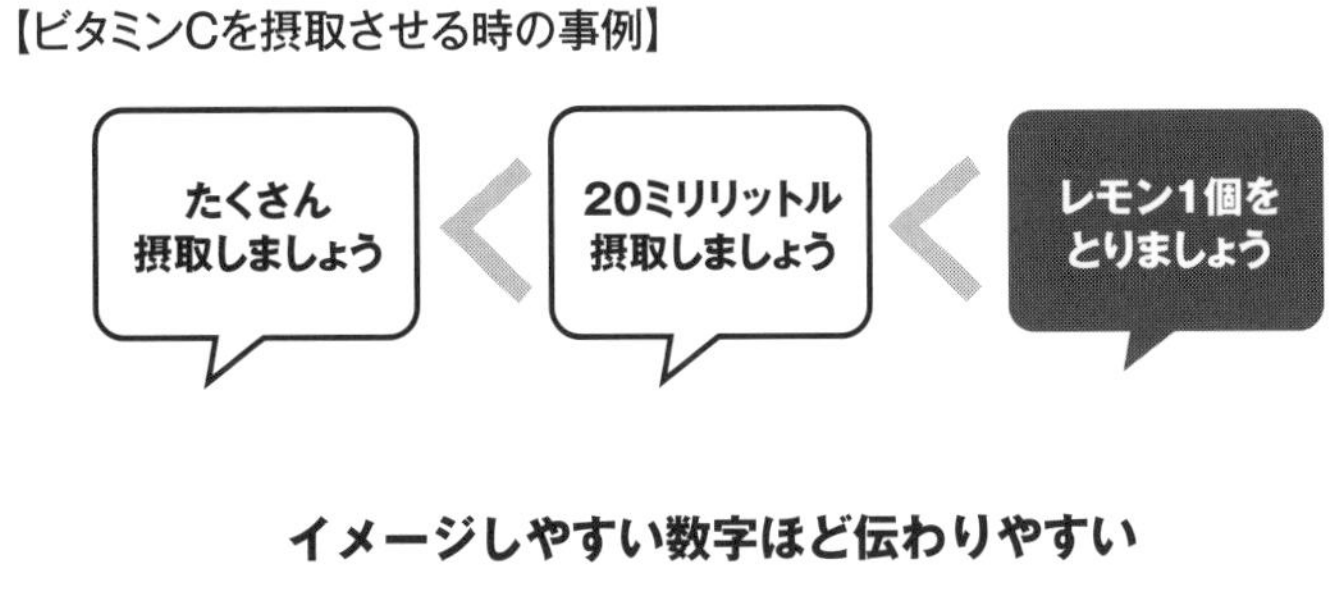
【ビタミンCを摂取させる時の事例】
たくさん
摂取しましょう
20ミリリットル
摂取しましょう
レモン1個を
とりましょう
イメージしやすい数字ほど伝わりやすい

メンバーを引きつけるビジョントークとホメ方

■ビジョントークではまず目的を伝える

リーダーには、メンバーにビジョンを見せられる話し方、ビジョントークができることは不可欠です。いくら正論を言われても、その先に何があるのかイメージさせられなければ、人はついていきません。

ビジョントークで大切なのは、**目的・ゴール・目標**の意味を正しく理解し、納得してから相手に落とし込んでいくことです。その中で、最初に伝えなければいけないのは**目的**です。

目的とは、「何のために」取り組むのかです。多くのリーダーは、目的が曖昧でそこの考えが抜けているため、説得力に欠けます。

■目的・ゴール・目標に関連性を持たせる

ゴールとは、達成させたい最終的なものです。ゴールを伝える時は、抽象的でなく、数字を使いながら具体的に伝えること、またイメージできるようにわかりやすい言葉で伝えることがベストです。

最後に**目標**です。ゴールに向かって時間軸で伝えるもので、目的を達成させるための手段です。あくまでも通過点だと気づいてもらえるよう話すことが必要です。

コツとしては、伝えたい目的・ゴール・目標すべてに関連性を持たせることです。場合によっては、3つの順番を変えても問題ありません。大切なのは、ひとつの軸となることで、「この考え方なら達成できる」というビジョンを

■ゴールがあるから話ができる

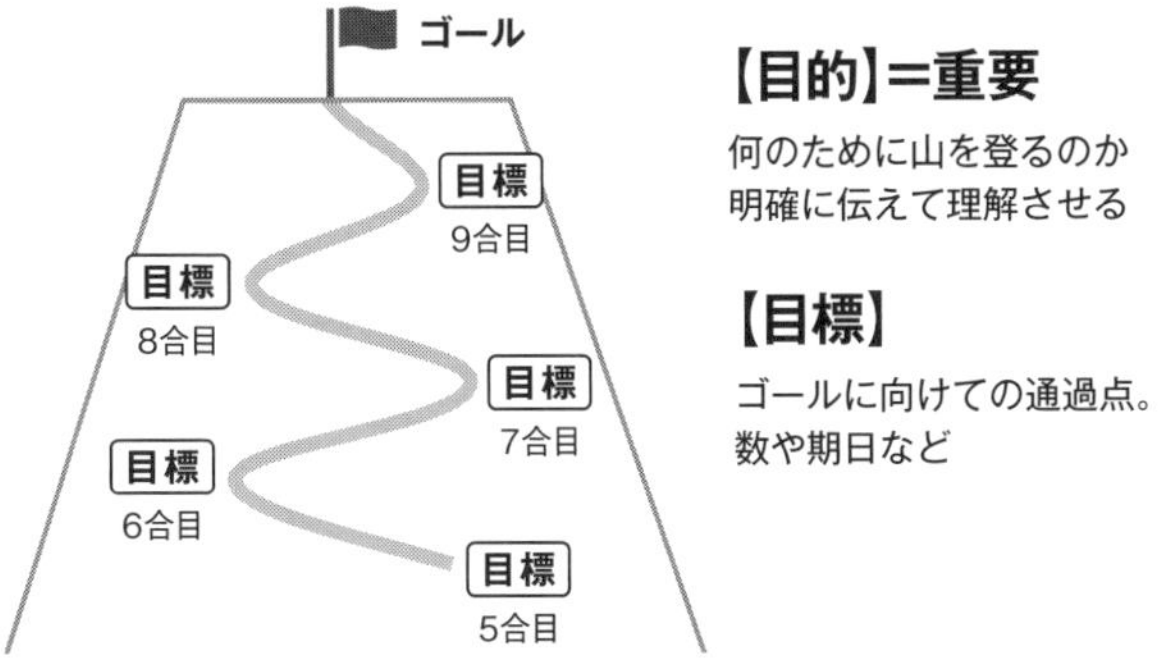
ゴール
目標
9合目
目標
8合目
目標
7合目
目標
6合目
目標
5合目
【目的】=重要
何のために山を登るのか
明確に伝えて理解させる
【目標】
ゴールに向けての通過点。
数や期日など

イメージさせることです。

■ホメることで観察力と洞察力が磨かれる

経営者やリーダーで、簡単に部下をホメるのはよくないと考えている方がいますが、部下に気持ちよく動いてもらうためには、ホメることも大切です。

実は、ホメることにより、観察力と洞察力が鍛えられ、時代を読むことが求められる経営者やリーダーにとって大切な力が養われるのです。

ホメるレベルの初級は、見たことをそのままホメることです。中級は、見たことにプラスαの言葉を伝え、上級は、**本人が気づいていない魅力をホメる**ことです。

たとえば、初級は「仕事早いね。ありがとう」で終わり、中級は「仕事早いね。ありがとう。○○さんのおかげでみんなが助かります」と、行動だけでなく感じたことまで伝えています。これなら、言われたほうもうれしいものです。

■観察力と洞察力を鍛えて人の心をつかむ

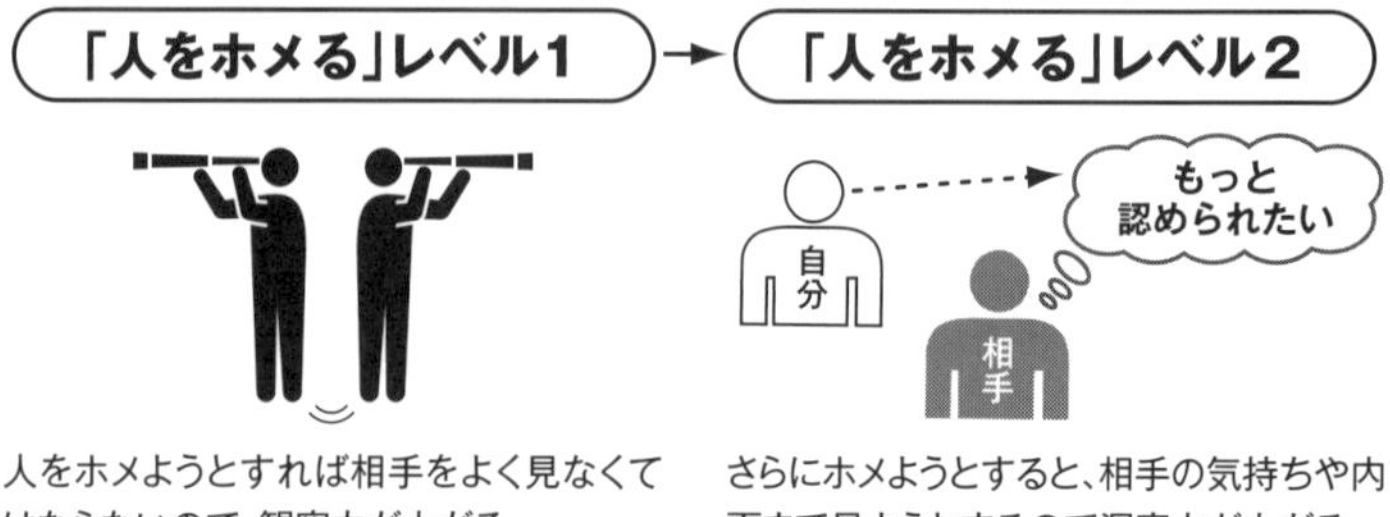

人をホメようとすれば相手をよく見なくてはならないので、観察力が上がる

さらにホメようとすると、相手の気持ちや内面まで見ようとするので洞察力が上がる

ホメようとすれば自然に見る力が上がる

さらに、上級になってくると、「仕事早いね。君の仕事と同じやり方が、合理的で結果が出る方法だと雑誌に紹介されていたよ」と、無意識にやっていた仕事の魅力をホメます。これで、相手のモチベーションも上がります。

■ポジティブを加えてワンランク上のホメるを実現

さらに一段上なのは、事実をホメて、ホメた言葉につながる言葉をポジティブに引き出し伝えるテクニックです。

たとえば、「その赤いネクタイいいですね」＋「情熱的な○○さんには、お似合いです」。色彩心理学的に赤のイメージである情熱を引き出して伝えた例です。

また、「○○さんは、ゴルフ上手なんですね」＋「だから日頃から冷静な判断と決断ができるわけですね」。こちらは、ゴルフから連想できる性格を引き出したホメ方です。

このように、事実から連想してポジティブな言葉を引き出すことにより、**事実もさらに生きてきます。**

社員研修の講師として成功するコツ

■3つのポイントで社員の気持ちをつかむ

社内の講師として、受講者の気持ちをつかむためには、以下の3つのポイントがあります。

1．社内の武勇伝を伝える

社内には、誰もが知っている武勇伝が1つや2つ、必ずあります。研修では、武勇伝を共有することにより、受講者との距離が縮まり、講師の話に引き込まれやすくなります。また、講師は研修の環境を作ることで、受講者のペースに飲み込まれず自分のペースで研修を進めていくことが

■社内講師として考えておくべき3つのこと

武勇伝	自信・迫力	旬のネタ
社内の武勇伝だと親近感がわく	人は強い人に引きつけられる	新しい情報は興味がわく。へぇ～と言わせる
↓	↓	↓

講師として聞かせることができ、結果を出すことができる

身内だからこそ、気持ちを引き締めてのぞむ

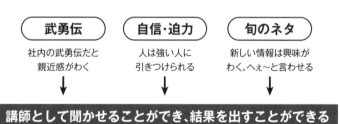

できます。講師は環境作りで決まるのです。

2. 誰よりも自信に満ちあふれた姿勢で

受講者の中には、あなたより能力が上の人や年配の方もいるかもしれません。そこでいちいち萎縮していると、伝わるものも伝わらなくなってしまいます。言葉尻も、「〜だと思います」ではなく、あえて「〜です」と言い切り、「たぶん」「おそらく」などの曖昧な表現は避けます。講師は、社内の代表として話をするという自覚を持ち、**自分の言葉で言い切る**ように心がけてください。

3. 「旬のネタ」で勝負

社内で行われている研修は、長年、使い回された情報やネタも多いため、参加者は新鮮さを感じず、興味を持たなくなることがよくあります。また、参加者の興味を引くためには、学んだ後、**すぐに誰でも結果を出せるネタ**などを惜しみなく披露し、「これは使える」と思わせる必要があります。

■5つの「間」で気づきを与える

講師は1人で話す時間が長く、いつの間にか独演会になってしまう場合があります。誰の関心も引かない独演会になるのを防ぐためにも、「間」が大切です。

研修の「間」には、気づきや考えを整理させる効果があります。次の5つの方法があります。

①話し続けるのではなく、大切なところで突然「間」を入れる
②相手に質問して、気づきを与える
③あえて話を脱線させ、学んだ内容を頭で整理させる
④笑いでリラックス&気持ちをリセットする
⑤休憩時間をとることで緊張をほぐし、距離を縮める

■定期的に「なるほどね～」を入れる

社内研修の実施時間は、だいたい90分か120分です。

研修の中身を作り上げたら、学びを深掘りさせる「なるほ

■無言の間は講師テクニックのひとつ

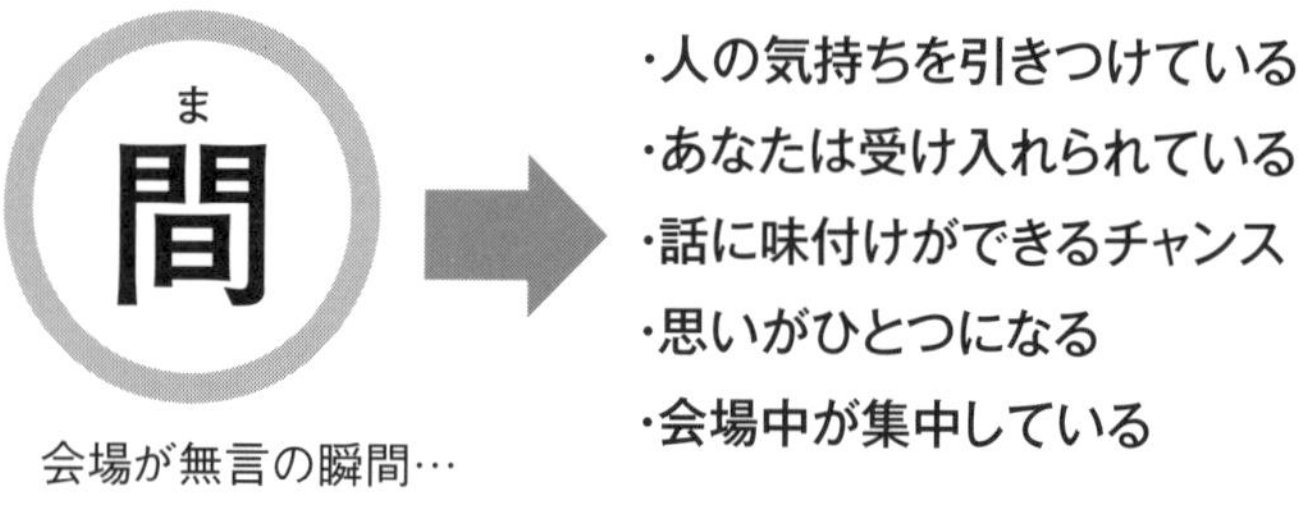
間《ま》
会場が無言の瞬間…
・人の気持ちを引きつけている
・あなたは受け入れられている
・話に味付けができるチャンス
・思いがひとつになる
・会場中が集中している

研修での「間」は、気づきや考えを促進させる効果がある

どね〜」のネタを入れることが大切です。

90分の研修だと3〜6個、120分だと4〜8個がいいでしょう。もちろん、ネタの数がそれ以上になっても問題ありません。

「なるほどね〜」は、共感してもらう工夫も大切です。たとえば、「南極や北極では風邪をひかないと知っていましたか？　寒くてウイルスが生存できないからです」などです。

■グループ型の座席配置で距離を縮める

研修は、会場の演出も大切です。研修内容によって、座席のレイアウトにも工夫が必要になります。

座席の配置は、「スクール型」か「グループ型」（下欄参照）にするかを決めますが、お薦めは「グループ型」です。ディスカッションでの相手同士や受講者と講師との距離が近づき一体感が生まれるため、研修がスムーズに進みます。

■座席配置が違えばやりやすさも違う

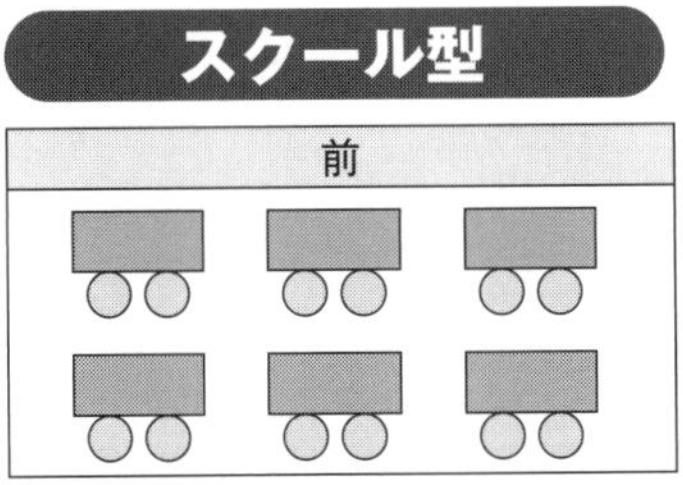

話し手と聞き手の関係になり、講師との間に距離感がある。一体感を出すためには、レベルの高い話術が必要

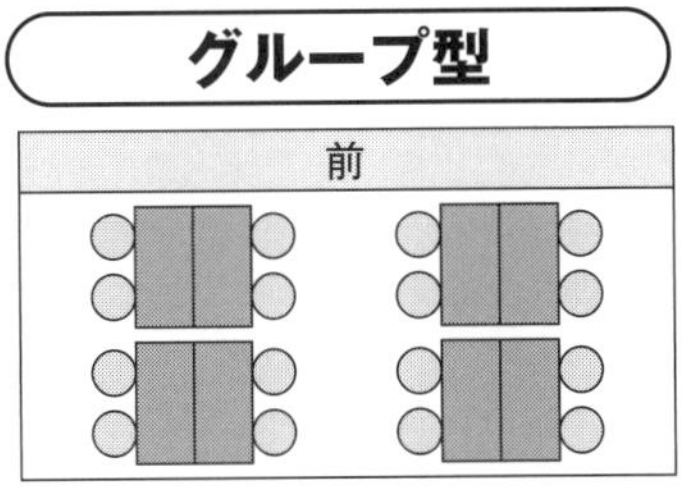

講師と参加者同士の距離感が近い。緊張をほぐす「アイスブレイク」などもやりやすく、一気に距離感を縮めることができる

１００人の前でも楽しく話せるプロの技

■見られる側から見る側にチェンジマインド

小人数なら楽しくスピーチやプレゼンテーションができるけど、１００人以上になると苦痛という方がいますが、プロが使っているテクニックを覚えれば大丈夫です。

そのテクニックとは、**「見られる」から「見る」側に変わる**ことです。

多くの方は、人前に出ると見られている意識が強くなり、観客の視線が突き刺さる気がして晒《さら》し者になった感覚を持ちます。そのため、どう見られているかばかり考え、自分の動きや言葉遣いが気になって仕方ありません。
プロは、次の3つを使って「見る」側にチェンジマインドしています。

1．質問して自分に対する意識や視線を外す

まず、参加者に質問を投げかけます。すると、参加者の意識は講師でなく参加者自身に向かい、「見ている側」から「見られている側」にチェンジするのです。

2．グループワーク

実は、観客自身も緊張しています。パーソナルスペース（18ページ参照）を緩めるためにも、2～4人のグループワークを入れると和やかな雰囲気を作れます。

3．顔と名前を覚える

参加者の顔と名前を覚えるよう意識してください。それだけで、無意識に「見ている側」にチェンジすることができます。余裕が出てきたら、相手の名前で呼んであげると距離が縮まります。

■何人でも対応できる3つのポイント

講師は自分が楽しくなる環境を作ることが第一！

相手の心に火をつけるPEPトーク

■**相手の背中を押すショートスピーチ**

「あなたは、本気で応援したことがありますか！」

私は、この言葉が大好きで、一般財団法人日本ペップトーク普及協会の東海地区代表として、同協会の活動をお手伝いさせて頂いています。

ペップ（＝PEP）トークとは、あなたが応援したい人を、**本気で勇気づけるための言葉がけの技術**です。

もともとは、アメリカでスポーツの試合前に監督やコーチが、本番で戦う前の選手を励ましていたショートスピー

■PEPトーク５つのコツ

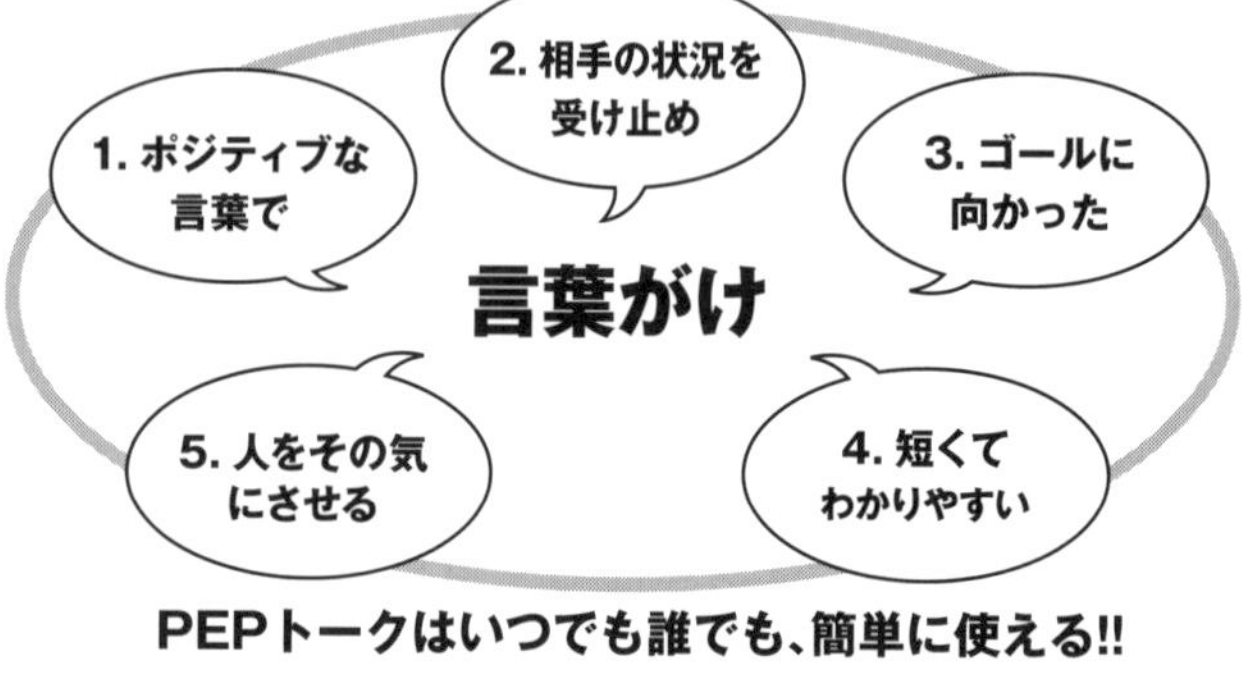

2. 相手の状況を受け止め
1. ポジティブな言葉で
3. ゴールに向かった
言葉がけ
5. 人をその気にさせる
4. 短くてわかりやすい
PEPトークはいつでも誰でも、簡単に使える!!

チのことです。

PEPトークは、暴言を吐かず暴力を振るわず、厳しく、明るく、楽しく、選手の背中を押す激励のショートスピーチです。

■5つのポイントで相手をやる気にさせる

PEPトークの基本は、5つです。いつでも、誰でも簡単にできます。

1．ポジティブな言葉を使う
2．相手の状況を受け止めながら話す
3．目標やゴールを意識させる言葉を使う
4．短くてわかりやすい言葉を使う
5．人をその気にさせる言葉で話す

相手に対して、夢・可能性・存在・行動・結果を否定する言葉は使いません。どんな時でも相手の状況を受け止め、とらえ方を変えながらゴールに向かい、やってほしいことをやってもらうための激励の言葉を投げかけます。

以上からおわかりの通り、PEPトークは、スポーツの世界だけではなく、職場や家庭でも生かせるトークなのです。

■怒られてもポジティブ変換

トレーニング中、監督から厳しく怒られたアスリートは、「なんで自分だけ怒られるのだろう」と考えるか、「これだけ厳しく怒られるのは、期待されている証拠だ」と考えるかによって、その後の思考や行動が変わってきます。また、その後の監督のイメージも違うものになります。

監督が怒っているというのはひとつの事実ですが、ポジティブに考えると解釈は無数になります。

ビジネスでも同じです。怒られたことをポジティブにとらえればいろいろな解釈ができ、**仕事の成果も変わってくる**のです。

■成功させるポジティブ変換

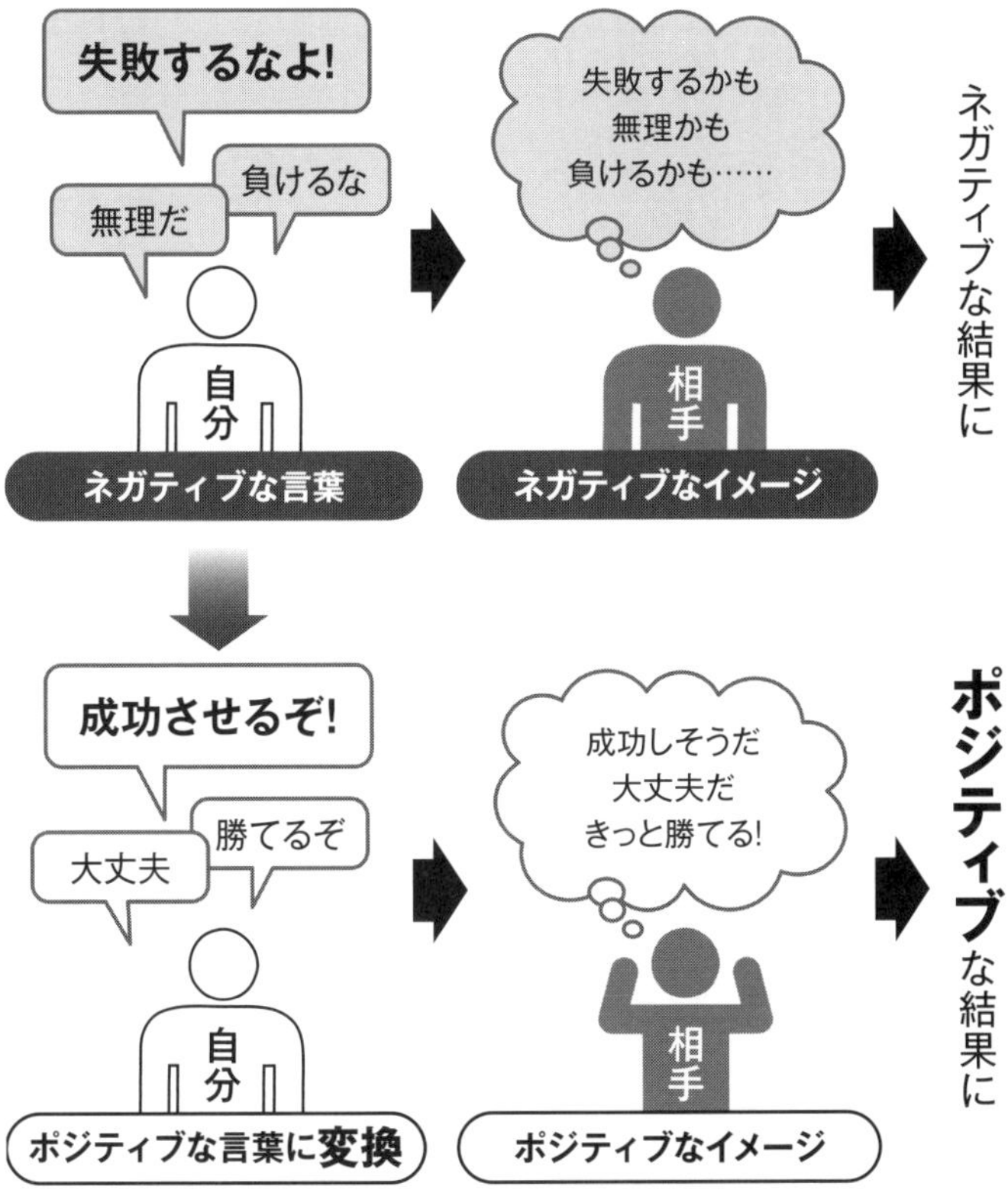

「失敗するなよ」と伝えると「失敗」という言葉が記憶に残り、結果にも影響してしまう。そのため、「失敗」→「成功」に言葉をポジティブ変換して「成功」を連想させることで、ポジティブな結果に導くことができる。

言葉のイメージは現実化する！

プレゼンテーションを成功させる3つの「み」

■入り口は「見」で決める

プレゼンテーションは、初頭効果（81ページ参照）でどれだけ相手を自分に引きつけることができるかです。

話し始めは早口になりやすいので、**思い切りスローな話し方を意識**します。ゆっくり話すことにより、展開が読めずに相手を引きつける結果となります。

■美しい記憶として残す

スポーツの世界や勝負の世界には、必ず見せ場があり、

■「見」で始まり「魅」で終わる

プレゼンテーションは、あなたの人間力が試される時

その見せ場がもっとも美しく印象強いものです。

プレゼンテーションでの「美」せ場とは、表情で喜怒哀楽を表現し、身振りは自然体で動かし、声の抑揚はメリハリをつけることです。そして、相手に一番意識してもらいたい部分には「間」を入れることです。聞き手に暇を与えない話し方で、脳の機能をフル回転させることが、美しく記憶に残るプレゼンテーションを生みます。

■ 全内容を一言で表すキャッチで締める

初頭効果で入り、最後は、親近効果（109ページ参照）で魅力的にして、終わりの印象を記憶に残してもらいます。そのためには、プレゼンテーションの**内容を一言で表すキャッチ**を伝えることです。

また、キャッチや重要な言葉は何度も繰り返し、理解させて記憶に残し、魅力的に感じさせていきます。最後は、丁寧に会釈をして余韻を持たせることが大切です。

エトス・パトス・ロゴスで人を動かす

■エトス＝信頼を高める言葉を織り込む

ギリシャの哲学者アリストテレスが述べた、人を動かす3つの要素の1つでもある「エトス」とは、信頼という意味です。

人格としての信頼を得るには時間がかかりますが、話術を駆使して、**短時間で信頼を得るのは可能**です。

たとえば、「東大生」と聞くだけで、多くの場合、信頼は高まります。自分が持っている経験値や実績・資格・経歴などを話の中に入れることでエトスが上がり、説得力が

■人を動かす順番

プレゼンテーションで効果の出る流れと同じ

増します。

■**パトス＝情熱で感情に訴えかけ行動してもらう**

2つ目の要素は、情熱や熱意など、相手の感情に訴え共感を得て人に動いてもらう「パトス」です。

たとえば、「すべての責任は私がとるから、後は君に任せた」と言われたら、相手の心に響き、その気持ちが**行動へと変わります。**感情に伝われば、自ら動いてくれるものなのです。

■**ロゴス＝論理的に納得させて動いてもらう**

3つ目の要素は、論理的に伝えて、相手が「なるほどね～」と納得させる「ロゴス」です。ごく短い言葉やワンフレーズなどを使って言い切るのも、ロゴスを上げるためのポイントです。

■**行動したくなる要素の手法を理解しよう**

エトス	本人のブランド、立場、経験、実績について話して信頼を得る
パトス	ジェスチャー（喜怒哀楽）、話すスピード、声のボリュームで感情を動かす
ロゴス	キーワード、比較、比喩、例示などで論理的に納得させる

プロが使うスピーチの実践テクニック

■うまく聞こえる3つのテクニック

スピーチを頼まれたら、何を話そうか迷ってしまうのが普通ですが、大勢に注目されるようなスピーチならなおさらです。そんな時は、以下の3つのテクニックを使えば、間違いなく「うまい」と言われるスピーチになります。

1つ目は、何のための集まりかなど、タイトルや演題に関連するものを、話の軸として考えることです。軸があることにより、話が脱線せず、参加者全員に伝わります。

2つ目は、気づきや学びを伝え、今後どのように生かしていくか話すことです。これで、多くの人から共感が得られます。

ただし、いくらあなたの考えが正しくても、批判や持論を持ち出しすぎてはいけません。それを発表した途端、あなたの価値が下がります。

■感謝のサンドイッチできれいにまとめる

3つ目は、スピーチの**始まりと終わりには、必ず感謝の言葉を述べる**ということです。これを「感謝のサンドイッチ」と私は呼んでいます。はじめの感謝は、会の主催者や来賓の方に対して、終わりの感謝は、参加者全体に対して、心を込めて「このたびは、このような機会をいただきまして、誠にありがとうございました」と締めくくります。

感謝を述べた後、軽くお辞儀をすると品格のあるスピーチになります。挨拶とお辞儀は、同時にしないのがコツです。

■感謝のサンドイッチのイメージ

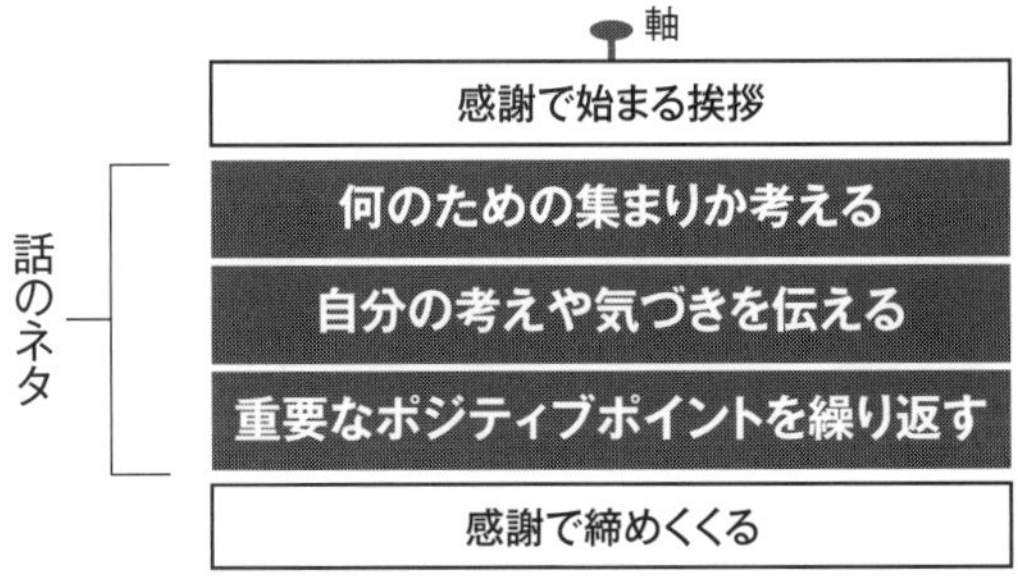

1 気が利く言葉の投げかけトレーニング

■ 3パターンの話すスピードを身に付ける

1分間に300文字の目安のスピードで話せるよう、体内時計を身に付けることです。話すスピードにより、理解度や感じ方が違ってきます。最終的には、3段階のスピードを身に付けてください。

- **まず300文字を何分で読めるか、計ってみる**
- **時計を見ずに1分で300文字を読む基準スピードを何度も練習をする**
- **基準ができたら、次はゆっくりと読む練習。目安は「間」を入れながら1分30秒**
- **最後に、滑舌よく速く読む練習。目安は40秒。早口のトレーニングではないので、速ければいいわけでもない**

【時計は見ずに練習】

パターン1
1分で300文字を読む

パターン2
1分30秒で300文字を読む

パターン3
40秒で300文字を読む

2 会話を魅力的にするトレーニング

■ まめに情報収集をして毎日ネタを話す

会話は中身が大切です。常日頃からどれだけ情報を収集できるかで、中身は決まります。

・新聞を読む習慣を身に付け、小ネタを見つける。新聞は、情報の取捨選択能力を向上させる
・インターネットで検索されているキーワードの記事やニュースの小ネタを集める
・本を読む時、覚えておかなければいけないネタは赤色で線を引き、小ネタとして使えそうな箇所は青色で線を引く。線を引くと、判断力と決断力が磨かれる
・本の中でここは重要だと気づいた箇所には付箋を貼る
・使えると思った情報は小ネタ帳にまとめる
・１日に１度は、集めた情報を必ず誰かに伝える。情報をまとめ、伝えることにより、話す技術は向上する

本や新聞、インターネットで小ネタを集める

集めた情報を、１日１度、誰かに伝える習慣により話が上達する

3 大勢の前でも臆さないトレーニング

■ 見る側に回ることで話せるようになる

人前に出た時に、「見られる」から「見る」に気持ちが変われば、場所や人数に関係なく、伝えたいことが伝えられるようになります。

以下のトレーニングにトライしてみてください。

- **職場や、人が集まっているところで 10 秒間、見ることに集中。10 秒後に周りの人の特徴を具体的に書き出す**
- **人前で話す時に、相手や周囲をぼんやり見るのでなく、髪型や服の色まで意識して見る**
- **人前に出てはじめの 5 秒間は、無言ですべての人を見てから話し始める。この方法で心が鍛えられる**

これを続けることで、ハートが鍛えられる

第 5 章

話し方が変わればコミュニケーションも変わる

相手を気持ちよくさせて関係性を強化する

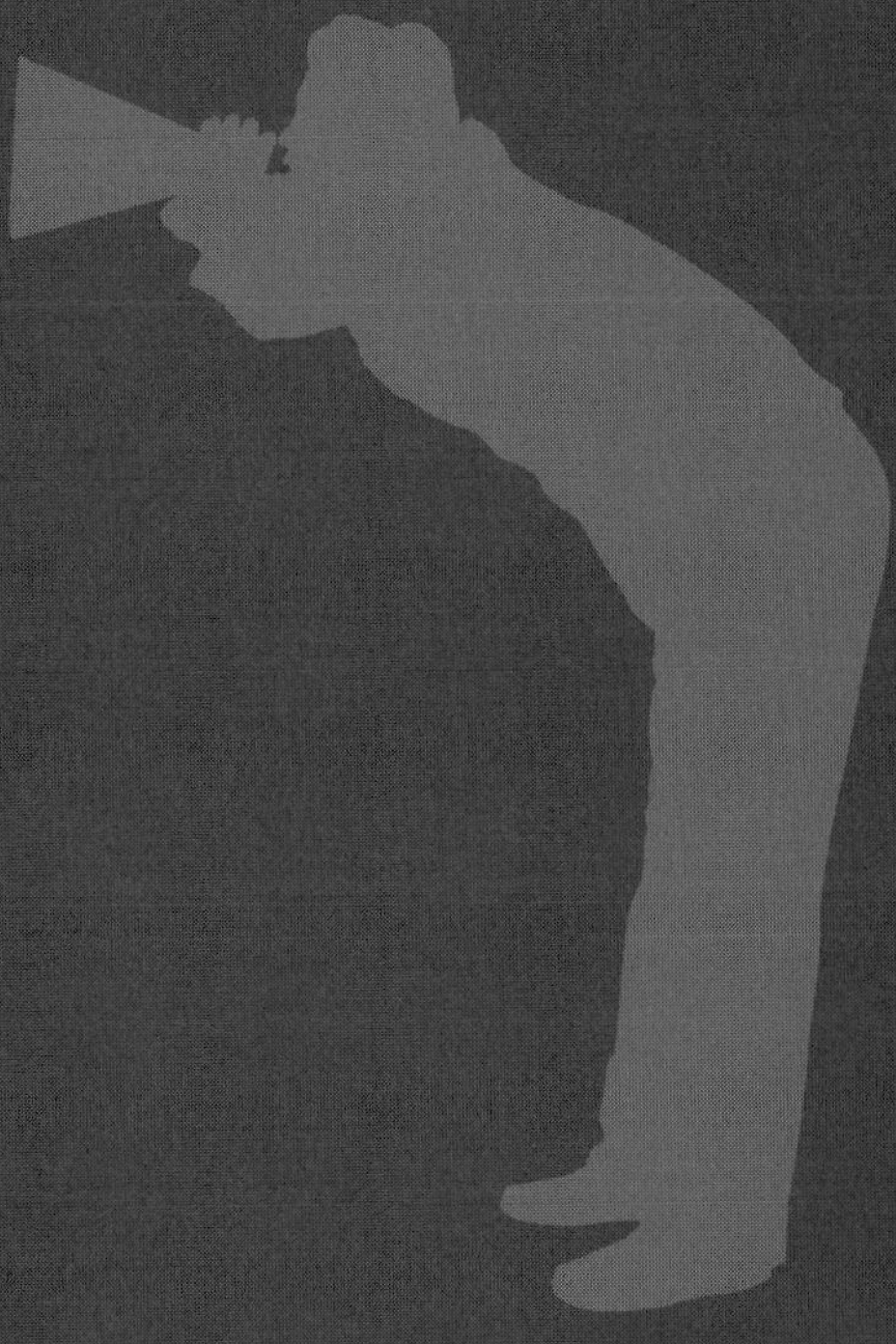

質問力アップで相手のニーズをつかむ

■オープンクエスチョンとクローズドクエスチョン

コミュニケーションで必要な能力には、会話力・質問力・傾聴能力の3つがあります。

特に奥が深いのが、**質問力**です。質問により相手のニーズを引き出したり、情報を提供したりすることもできます。質問するといっても、やみくもに聞き出すのでなく、相手が答えやすい質問をするのがコツです。

質問にはいくつか種類があり、**相手が自由に答えやすい質問を「オープンクエスチョン」**、答えに制限がある質問

を「クローズドクエスチョン」と言います。

たとえば、友達を食事に誘う時に、「美味しいラーメンを食べに行かない？」と誘うのは、行くか行かないかの選択になるクローズドクエスチョンです。返事はイエスかノーで早いのですが、断られた場合、お腹がいっぱいなのか、お腹は空いているけどラーメンは食べたくないのか、行かない理由がわかりません。

これが、「何か食べに行かない？」というオープンクエスチョンなら、ラーメンと限定されていないので選択肢に自由があり、食事に行く可能性が大きくなります。

このように、質問の仕方によって会話が盛り上がったり、相手との間に距離が生まれたりするので注意しましょう。

■一方通行の質問は尋問

コミュニケーションで、いくら質問をしても会話が盛り上がらない、または、続かない方がいます。それは、質問

■聞き上手は2つのクエスチョンを使い分ける

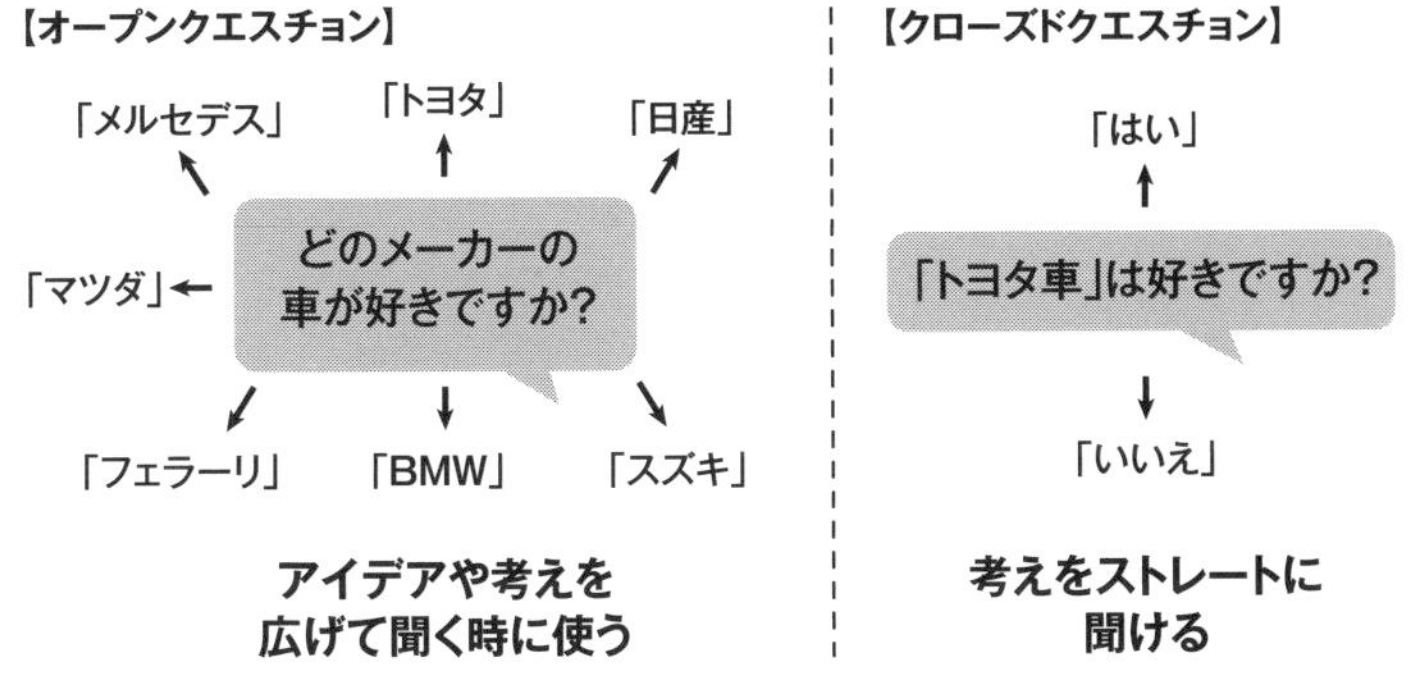
【オープンクエスチョン】

どのメーカーの車が好きですか?

「メルセデス」

「トヨタ」

「日産」

「マツダ」

「フェラーリ」

「BMW」

「スズキ」

アイデアや考えを広げて聞く時に使う
【クローズドクエスチョン】

「トヨタ車」は好きですか?

「はい」

「いいえ」

考えをストレートに聞ける

が質問でなく、「尋問」になっている可能性があります。

尋問になっている人の質問の流れは次の通りです。

自分「質問」→相手「返事」→自分「質問」→相手「返事」→自分「質問」→相手「返事」……。これでは質問に答えているだけで、話は盛り上がりませんし、続きません。

会話はキャッチボールなのです。

具体的に、尋問の例を見てみましょう。

自分「休日は何をしていますか？」

相手「トレーニングジムに通っています」

自分「好きな食べものは何ですか？」

相手「焼肉です」

自分「今、熱中していることは？」……

一方的な質問では、このように、次々と**質問内容が変わっていきます。**これでは会話は弾みません。無駄な質問をせず、本当に聞きたいことだけを意識して質問してください。

■質問から掘り下げて広げる

コミュニケーションの達人は、会話の中でうまく質問して掘り下げていきます。事例を見てみましょう。

自分「どちらにお住まいですか」
相手「東京都の葛飾区です」
自分「土地勘がないのですが、どんな街ですか」
相手「情緒ある東京の下町で、寅さん記念館や古い商店街もあります」
自分「楽しそうな街ですね。住んでみたいな」

このように、1つの質問から掘り下げていくと、自然と会話が切れることなく続きます。もし、質問して相手の反応がよければ「ナイス質問」であり、会話が弾むこと間違いなしです。

オープンクエスチョンから入り、掘り下げていくのがコミュニケーションのコツです。

■質問の種類を把握しよう

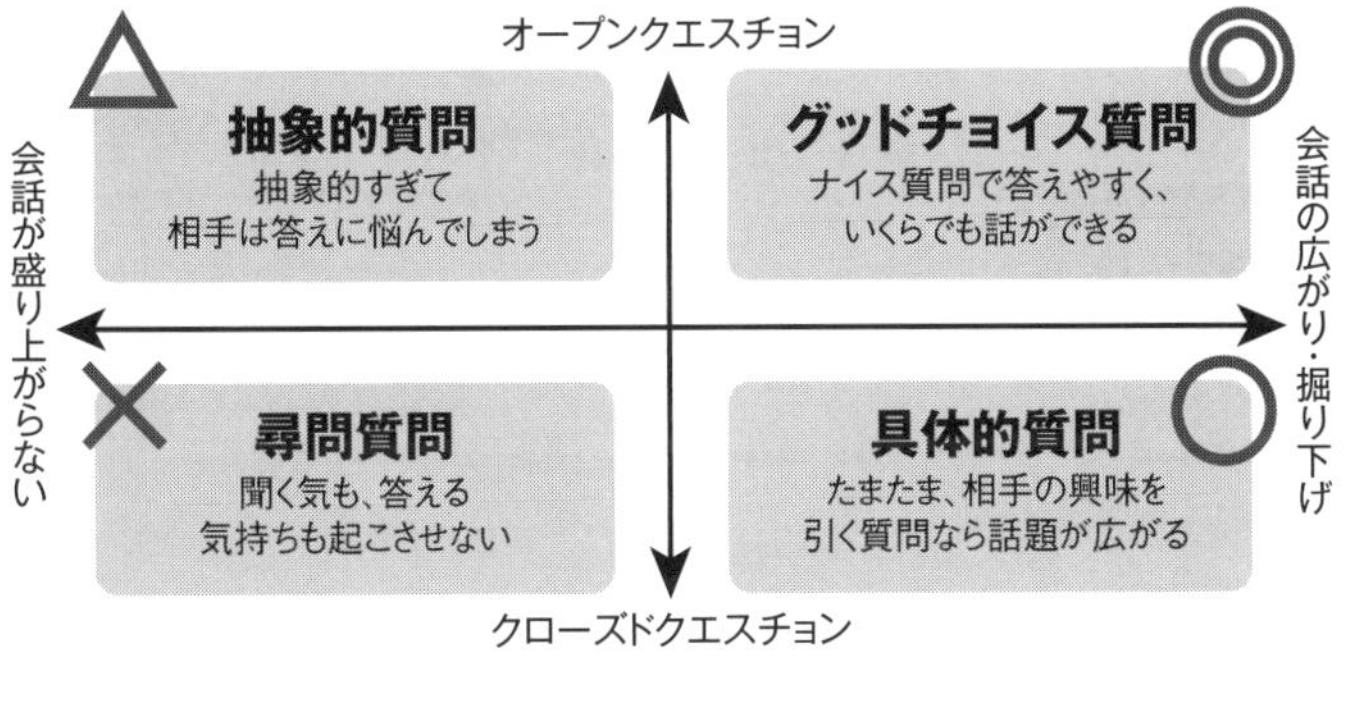

人間関係を円滑にする「いいね」で好感度アップ

■否定の前に肯定を入れて会話を活性化

コミュニケーションを活性化させる話し方は、「いいね」で相手を受け入れるところから始まります。もし否定するなら、「いいね」の後に、「でも自分はこう思う」と続ければ、相手は素直にあなたの話を聞いてくれます。

たとえば、「今週の金曜日、飲みに行かない？」と誘われた時、「あ、その日はダメ」と言われるのと、「いいね、飲み会。でも、この日は先約が入っていて」と言われるのでは相手の受け取り方が違います。

■断る時でもいったん肯定

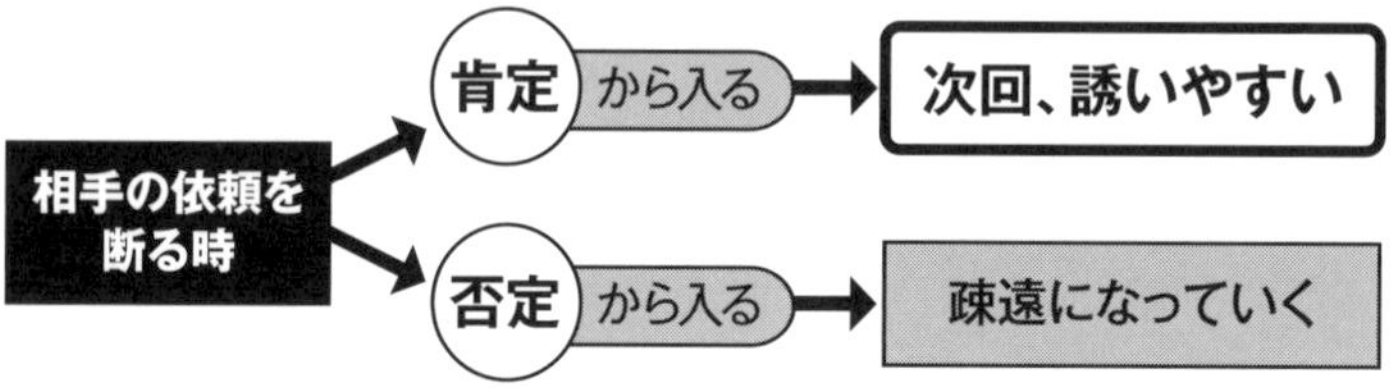

相手の依頼を断る時
肯定
から入る
次回、誘いやすい
否定
から入る
疎遠になっていく

次回につながるように断る

「ダメ」とズバッと切るより、「いいね、でも」といったん肯定から入って断るほうが好印象。**「いいね」＋「自分の考え」**が、コミュニケーションの基本の法則です。

■ いいねの最上級は「話を合わせる」を挟むこと

「いいね」には、さらに最上級があります。「いいね」と「自分の考え」の間に、**「話を合わせる」**を入れる方法です。

たとえば、「今度の夏休み、家族でアメリカに行かない？」と言われた時、「いいね。**素敵な旅行だろうな、楽しそう。**でもごめん、仕事がたまっていて長期の休みがとれないから、国内旅行ではダメかな」といった使い方。「いいね」＋「同調」＋「ごめん」＋「自分の考え」の構成です。「素敵な旅行だろうな、楽しそう」と相手の行きたい気持ちに合わせて答えながら、行きたい気持ちが十分に伝わっています。最上級のやり方で、人間関係を円滑にしてください。

■「いいね」を入れる効果

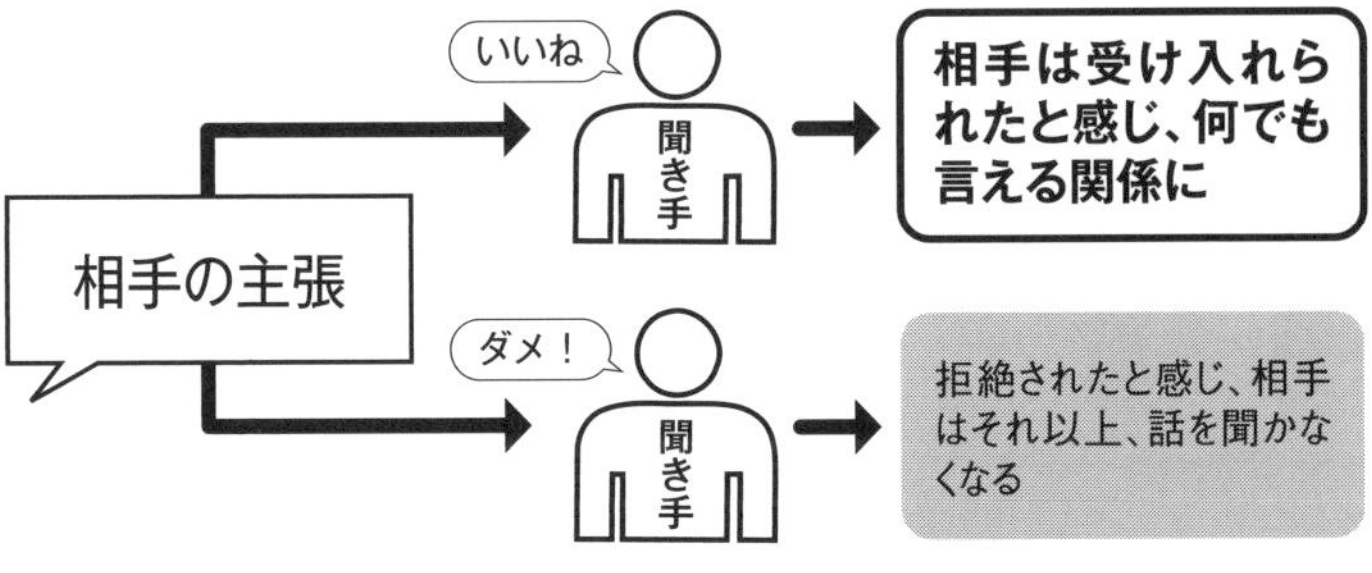

人は、受け入れられると柔軟になる

話のネタは「たけしとはなしたか」で決まる

■コミュニケーションは準備が鍵

気心の知れた仲間とのコミュニケーションは苦になりませんが、初対面の人や、まだお互いに関係が成り立っていない人とは、何を話そうか悩むものです。

一方、初対面でも話せる人が実際にいます。そういう人は、実は、**前もってネタを準備している**のです。準備したネタを使いながら、相手との会話で共通点を探したり、話題を見つけたりして、会話を盛り上げていきます。その準備に使えるのが、左図の「たけしとはなしたか」です。

■準備する・しないで成功率は大違い

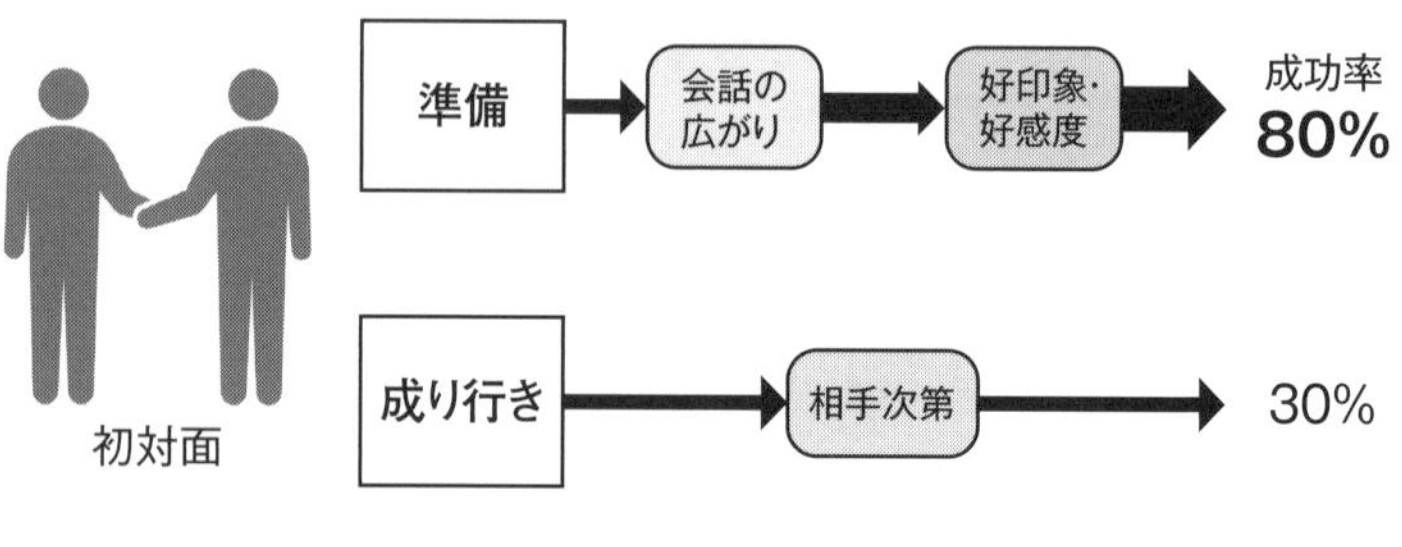

準備あってこそ会話が盛り上がる

■ネタの準備に役立つ「たけしとはなしたか」

た	**食べ物の話。**誰もが興味がある分野。好きなジャンルでお薦め店を言えるようにしておくと、相手に喜んでもらえる
け	**健康の話。**ダイエットやトレーニングで、成功や失敗体験などを話すと盛り上がる
し	**仕事の話。**抽象的でなく、業界や業種など具体的に伝えることにより、相手からの質問を引き出せる
と	**友だちや知人の話。**紹介したい人や魅力的な人の話をしたりする。ただし、有名人を知っているなどの自慢話は控えるべき
は	**流行の話。**社会で起きている流行りやマイブームを話して、相手の反応を見ながら深く掘り下げていく
な	**名前に関する話。**自分の名前の意味を知っておくことにより、相手の名前についても聞きやすくなり、双方の距離感が近くなる
し	**趣味の話。**共通の趣味があれば距離は一気に縮まり、関係を深めることも可能。自分の趣味の魅力を伝えられるようまとめておくのも大切
た	**旅の話。**旅での思い出やハプニングなどがあれば盛り上がるはず。また、誰も知らないお薦めスポットがあればベスト
か	**家族の話や買い物の話。**家族紹介や子育てトークにより、年が近いとわかったりすれば、さらに会話が弾む

いつでも、誰にでも
通用するネタ準備のネタとして覚えよう

「ありがとう」で幸せなコミュニケーション

■感謝が伝わる魔法の言葉

あなたは1日に何回「ありがとう」と言っていますか？「ありがとう」の一言で、コミュニケーションは変わります。

コミュニケーション上手は「ありがとう」をよく使い、コミュニケーション下手は「申し訳ない」「すみません」など、謙虚に自分の気持ちを伝えますが、**感謝の気持ちはなかなか表に出しません。**

たとえば、会議で使う資料のコピーをお願いしたとします。その時、あなたは何と言いますか？

「仕事中で忙しいのに、申し訳ありません」

「仕事中で忙しいのに、すみません」

「仕事中で忙しいのに、ありがとうございます」

どうですか？　「ありがとうございます」と言われたほうが、感謝の気持ちが伝わることがおわかりでしょう。

■「ありがとう」プラスαで相手を幸せに

いつでもどこでも、自然と「ありがとう」が言えるようになったらさらに、プラスαしてみましょう。

たとえば、重たい荷物を1人で運んでいた時に、誰かが手伝ってくれたとします。

「ありがとうございます。**腰が痛かったので助かりました**」

「ありがとうございます。**時間内に運ぶことができました**」

■「ありがとう」がもたらすプラス効果

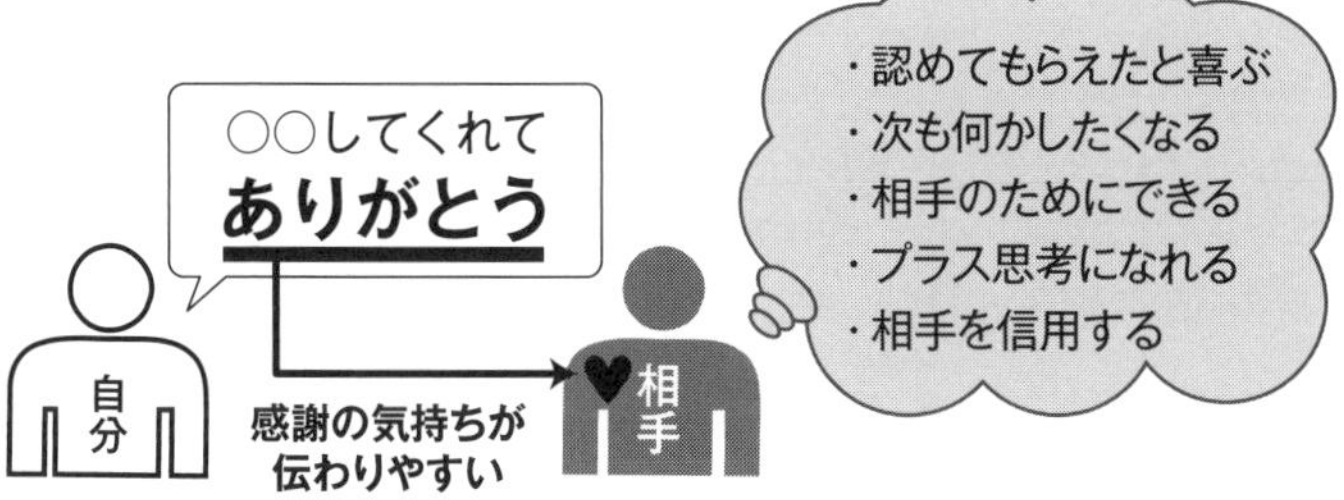

「ありがとう」の一言がコミュニケーション上手への近道

このように、感謝の後に自分の心の中にある素直な気持ちをプラスαするだけで、相手は、最高に幸せな気持ちになれます。

■断る時も「ありがとう」を入れながら肯定的に返す

相手と話していて、お願いごとをされたり誘われたりした時に、断らなければいけない場合があります。そんな時には、「ありがとう」と付け加えるだけで、相手に不愉快な思いをさせずに済むものです。

たとえば、飲み会に誘われたものの都合が悪くて断る時、「いいですね。楽しいだろうな。でも実は、家族で食事に行く約束をしていまして。誘っていただき、ありがとうございます。次回は必ず参加します」と肯定的な返答をすると、相手も肯定的な気持ちになり、次回も誘いやすくなるものです。

これが、**「魔法のありがとうの法則」**です。

■「ありがとう」で人間関係のよいサイクルが生まれる

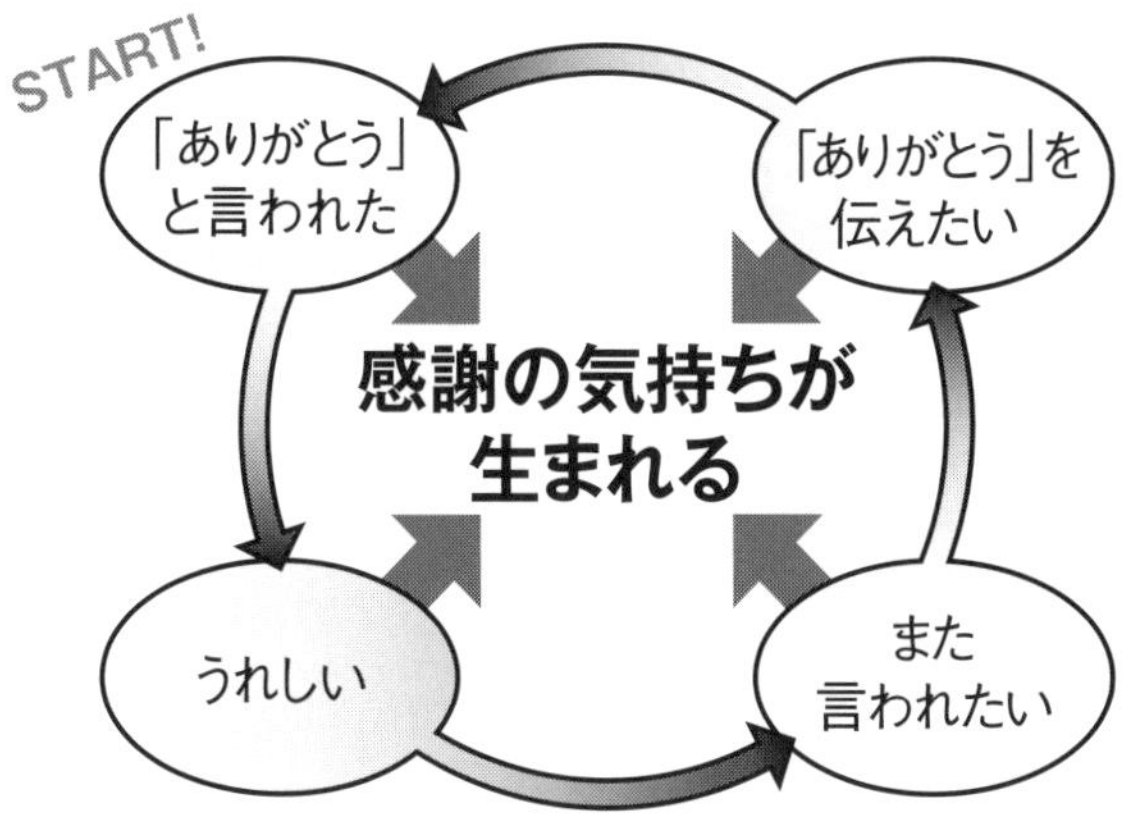

【ありがとうのトレーニング】

喫茶店やコンビニエンスストア、ファミリーレストランなどで
「ありがとう」と言ってみよう。

「ありがとう」は、
世界一、美しいコミュニケーションの言葉

自分も相手も変わる ポジティブ変換

■ポジティブな会話で人間関係が変わり、結果も出る

職場の人間関係は、会話で使う言葉に大きく影響されます。よい人間関係を築いている組織は、**ポジティブな言葉を使った会話で結果を出している**ものです。

逆に、結果を出せない組織では、罵声のようなネガティブな言葉が飛び交い、ギクシャクした人間関係の中で仕事をしています。

つまり、組織として結果を出すためには、よい人間関係を築いておく必要があり、よい人間関係を築くためには、

■人間関係に大きく影響する言葉かけ

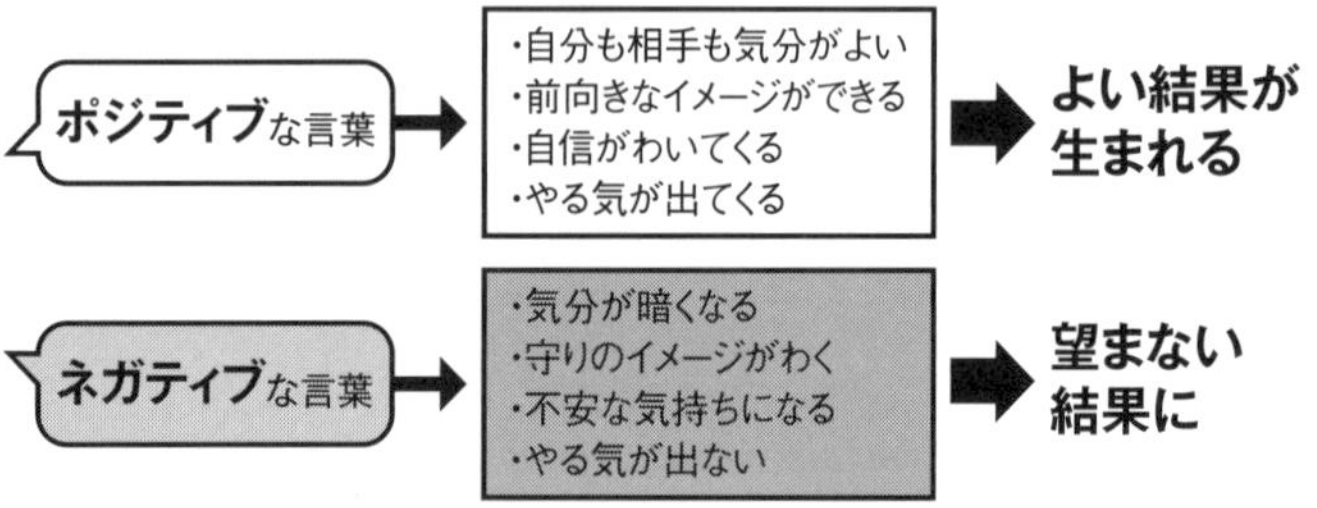

言葉によってイメージが現実化し、コミュニケーションや組織が変わる

ポジティブな言葉を使った会話が必要ということです。

結果を出せる組織にするためにも、「頑張ってるね」「充実してるね」といったポジティブな会話で、強い信頼関係を作りましょう。

■言葉の変換で楽にポジティブ会話ができる

ポジティブな会話をするには、コツがあります。頭の中でネガティブな言葉が出てきたら、ポジティブな言葉に変換するのです。実は、ポジティブな言葉を探すよりも、**変換したほうが楽に会話ができる**ようになるのです。ネガティブからポジティブへの変換を意識してトレーニングしてください。

「仕事が忙しい」と思った時、「仕事が充実しているな」とポジティブに変換できれば理想的です。「あいつは、わがままだな」と思って注意しようとした時、「あいつは、自分を持っているな」とポジティブに変換して注意したら、

■やってみようポジティブ変換

・最近、仕事が忙しい　→　**最近、毎日の仕事が充実している**

・この仕事、やっても意味がない　→　**この仕事、挑戦してみる価値がある**

・苦手なんだよな　→　**これから得意にできるチャンス**

・仕事がうまくいくか不安　→　**不安なのは慎重な証拠だ**

・上司は怒りっぽい　→　**感受性が豊かな上司**

ポジティブ変換すると何事も楽しくなる

相手は自分を理解してくれていると思い、あなたの話を聞いてくれます。

■相手にやってほしい変換をプラスα

ポジティブな言葉を使って、相手にしてほしい行動をイメージさせることにより、相手は無意識に行動してくれるようになります。

たとえば、「廊下を走らないでください」と伝えると、廊下を走るイメージになってしまいます。要するに、走ってほしくないのですから、「廊下は歩こう」と伝えればいいのです。相手の頭の中に歩くイメージができ、無意識に歩くようになってくれます。

最近の小学校でも、「走るな」ではなく「廊下は歩こう」に変わり、電車でも「駆け込み乗車はおやめください」から、「まもなく次の電車が参ります」に**ポジティブ変換＋してほしい変換**をしています。

■ポジティブな言葉でよい結果を導く

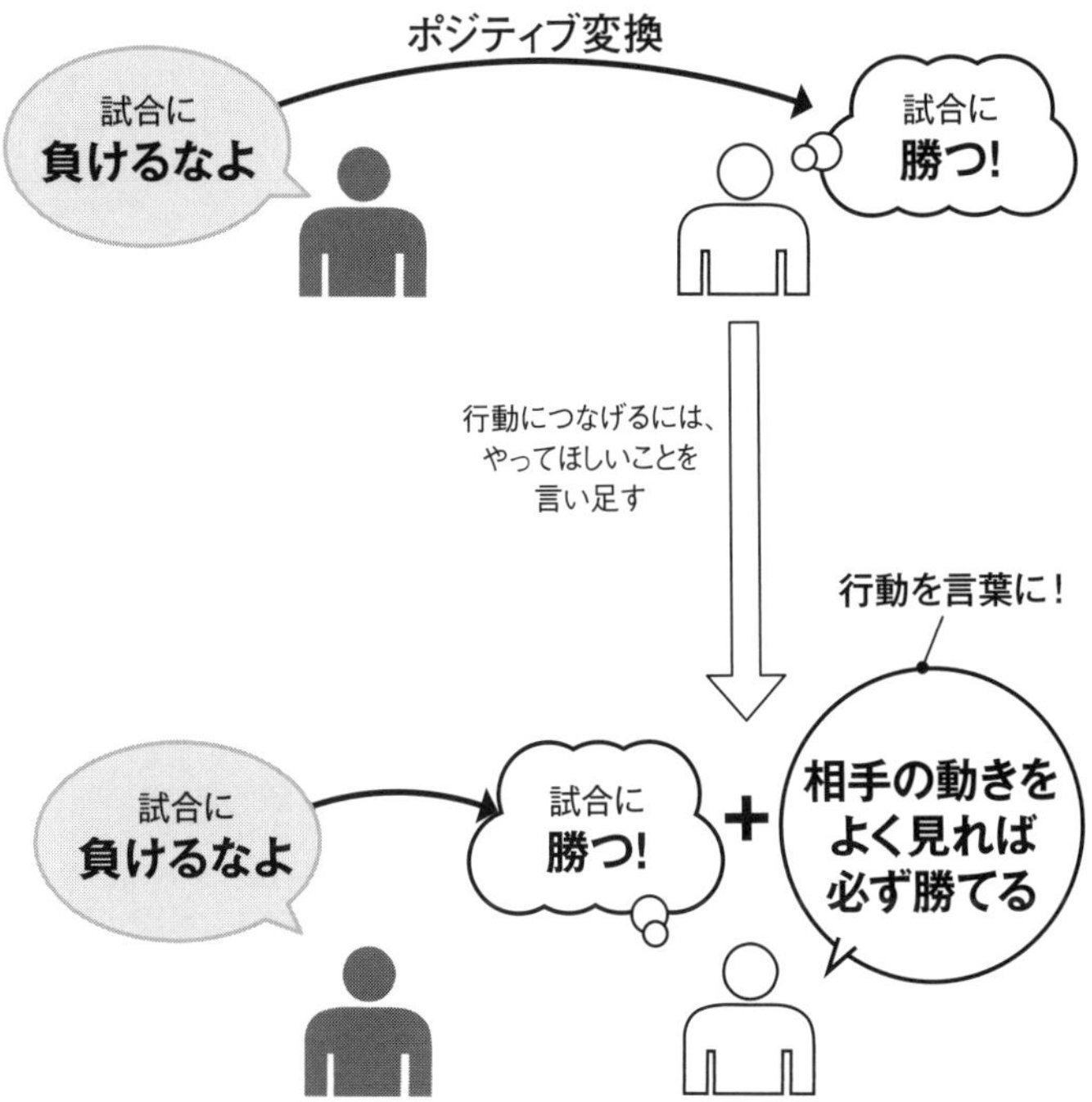

ここでのコツ	・まず、ネガティブの言葉をポジティブに変える。 ・その後に、してほしい行動を言葉にする。 ・この順番により、ポジティブイメージが生まれ、してほしい行動と結果を手に入れることができる。

この方程式で仕事の成果を無理なく手に入れる

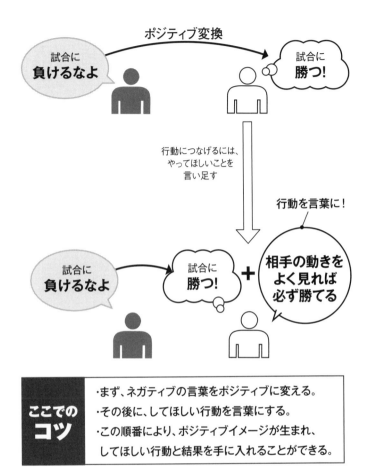

ホメは最高のコミュニケーションツール

■承認欲求を「ホメる」で満たすには瞬発力が必要

人間の基本的欲求のひとつに、承認欲求というものがあります。これは、誰かから認められたいという、社会生活を営むうえで誰もが持つ欲求です。

この承認欲求の中には、3つの「〜たい」があります。「ホメられたい」「認められたい」「役立ちたい」の3つですが、コミュニケーションを深めるためにもっとも効果的なのは、ホメることです。**上手にホメることこそがコミュニケーションの鍵**となります。

ホメるコツには、「比較しない」「根拠を探さない」「考えない」の3つがあります。ホメる時に、誰かと比較するとホメられなくなります。また、本当にそうなのかと根拠を探すと、不安になります。いろいろと考えすぎると、ホメるチャンスを逃します。

ホメるとは、スポーツです。相手のよいところをすぐに見つけて賞賛する。まさに瞬発力が必要です。

■4つのホメを使いこなす

ただやみくもにホメるのでなく、相手の気持ちや状況を受け止めて、相手が投げかけてほしい言葉を伝えることが、承認欲求を満たします。ホメ方は、次の4つです。

1．先手必勝型

瞬発力で相手を見た瞬間にホメます。見た瞬間、頭から足元まで見てホメます。たとえば、「おはようございます。いい笑顔していますね」「いつもおしゃれですよね」など

■3種類の承認欲求のどこかでホメる

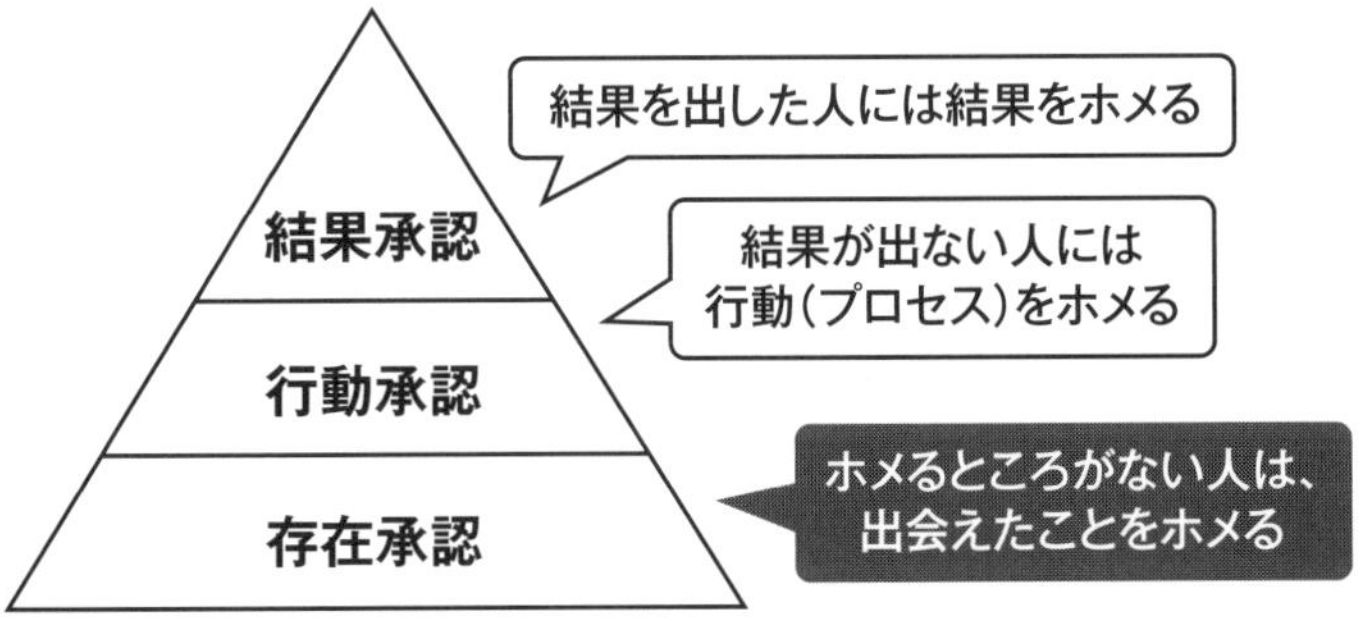

です。

2．オウム返し型

相手の考えや意見に協調・同調・共鳴するタイプです。相手の言葉を受け入れながら、そのまま繰り返します。「今日も忙しいですね」と言われたら「そうだね、忙しいね」と受け入れて信頼関係を築きます。

3．ジェントルマン型

見返りを期待せず、相手の状況や環境を見て行動したことがどれだけ周りの人に貢献したかをスマートにホメます。たとえば、「○○さんのアドバイスのおかげで、プロジェクトが成功しました」と貢献度をホメるような形です。

4．持ち上げ型

謙遜し、相手の行動や発言を持ち上げるテクニックです。やりすぎるとゴマすりになるので注意しましょう。「何をしても、かないません」「今回も勉強になりました」など、相手のモチベーションも上がり効果は絶大です。

■「〜たい」＋３S＝最高のコミュニケーションツール

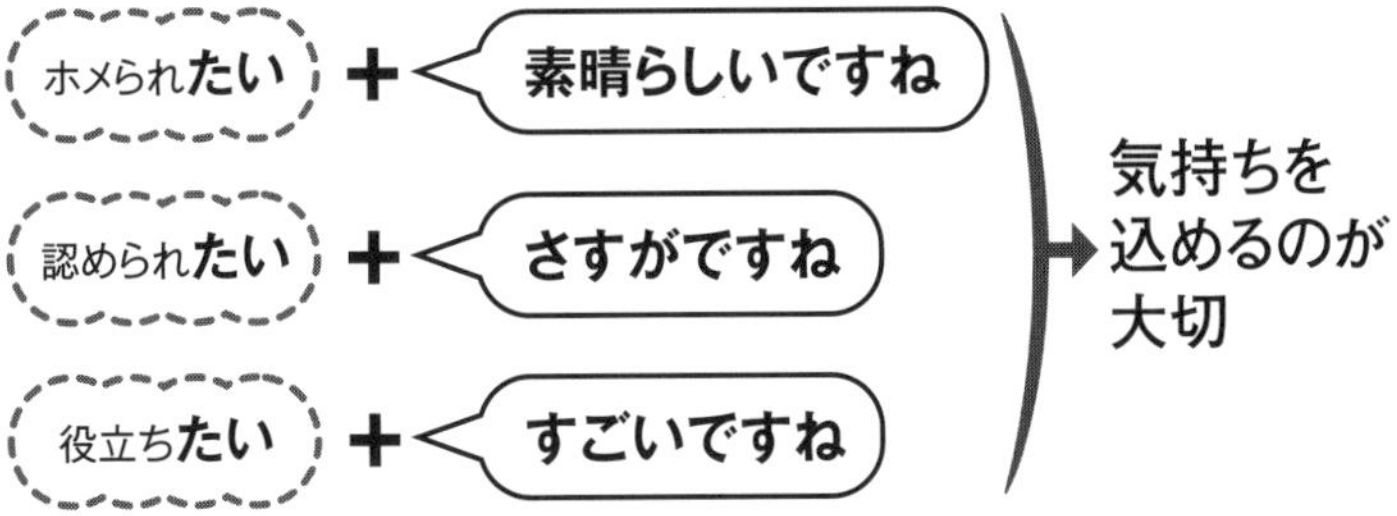

事例

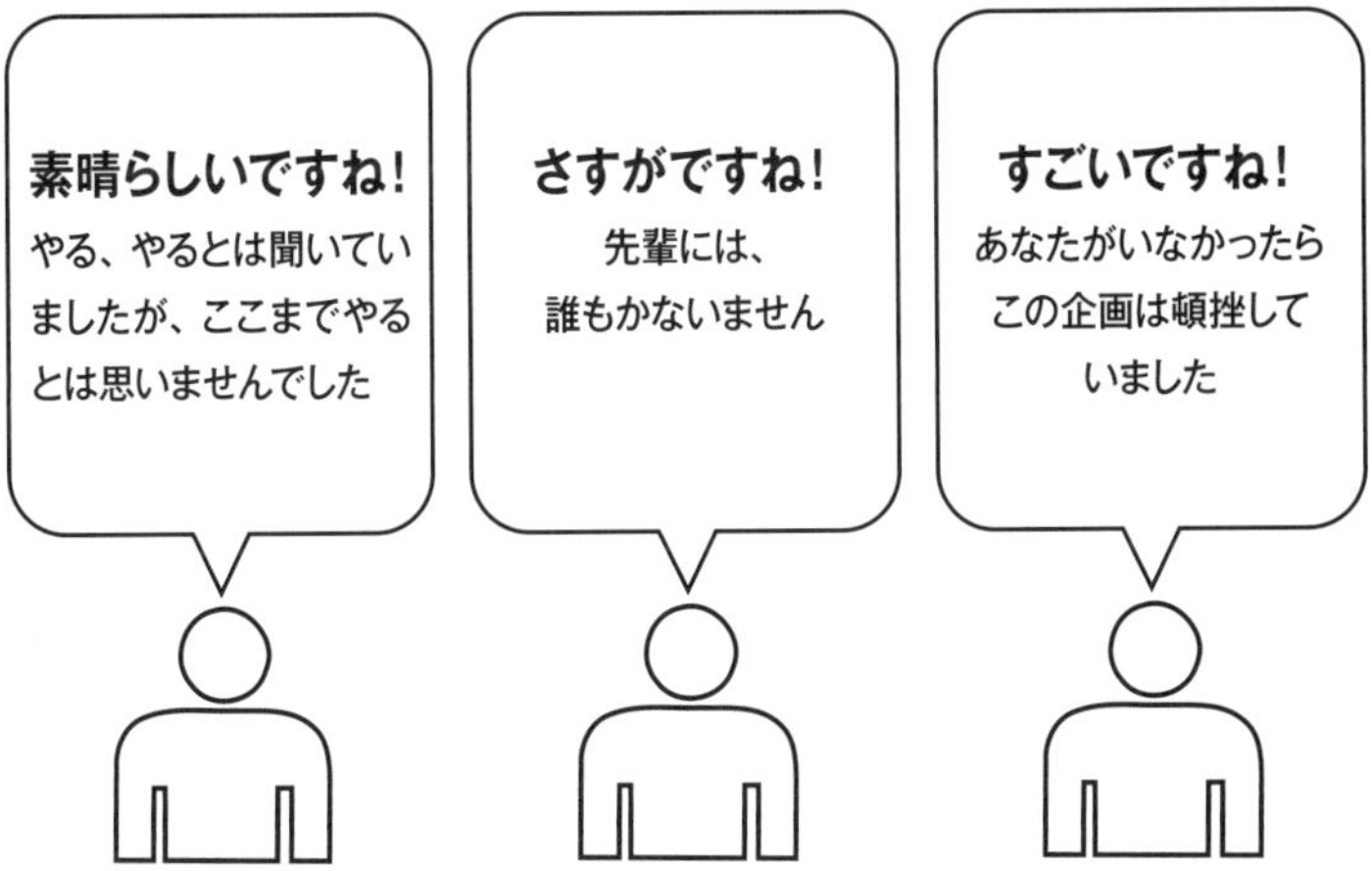

ホメていけば、人間関係で怖いものはない

相手にも話題を振って沈黙を克服

■沈黙を制したものが話し上手

沈黙が怖いという人の共通点は、「何か話さなければ」と意識しすぎることです。話そうと意識すればするほど、話せなくなっているのです。

こうなると、話の内容に集中するより、「自分はどう思われているのだろう」ということばかり考えるようになってしまいます。

沈黙を克服するには、**意識を相手に向けること**です。次の5つの会話術を参考にしてください。

1．最近どうですか理論

「最近、どうですか」から質問をしてみましょう。抽象的な質問ですが、だからこそ、相手が思いついたことを話しやすくなります。あなたが沈黙で不安な時は、間違いなく相手も不安なので、答えやすい質問をします。

2．連想掘り下げ理論

話の中でキーワードを拾い、キーワードから連想しながら水平展開して広げ、掘り下げられるネタは掘り下げていきます。「最近、ダイエットを始めました」と言われたら、ダイエットというキーワードから連想します。たとえば、「食事制限していますか」「筋トレはどれくらいしていますか」など水平展開していくと、無尽蔵に質問が出てきます。双方に興味があれば、掘り下げていけばいいのです。

3．返報性の法則

返報性の法則とは、相手に何かをしてもらうと、お返しをしなければいけない気になることです。会話の中で、自

■沈黙を避ける究極のオープンクエスチョン

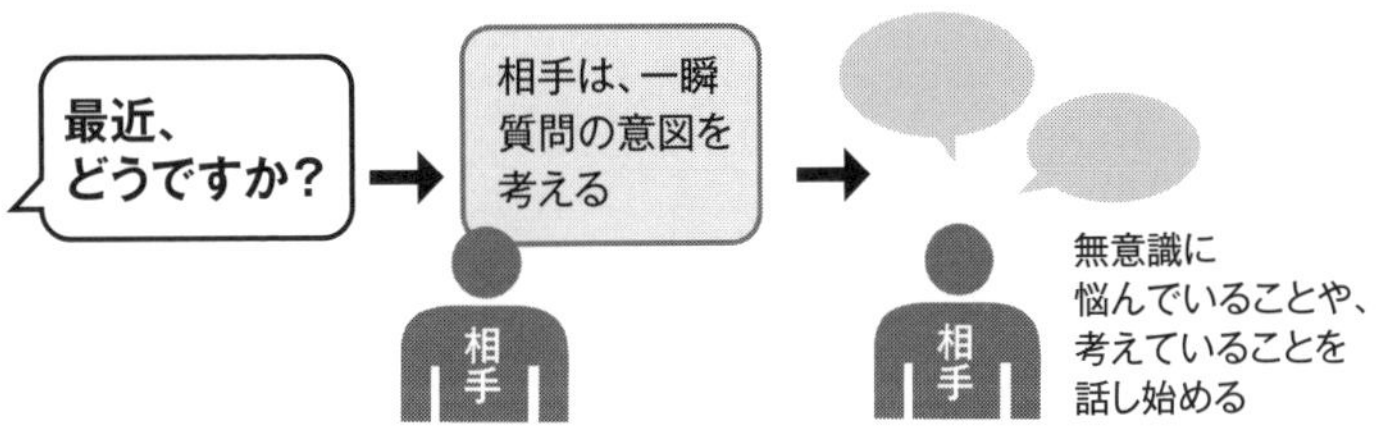

相手が話し始めたら、キーワードを拾い深掘りをしていく

らの体験談やプライベートなことを話すと、自然と相手も話しやすくなり、共通点が見つけやすくなります。さらに、共通点から話題を広げていき、話に困った時は、質問を繰り返していきます。

4．あいづち上手は沈黙知らず理論

会話を弾ませている人は、聞き上手であり、あいづち上手でもあります。あいづちにより、会話は加速したり減速したりして、相手と会話の息が合い、心理的に同調が生まれるため、不安な気持ちになることなく会話を楽しむことができます。

あいづちとは「うなずき」＋「声」です。実は、あいづちを打つ時に声があるかないかでは、話しやすさがまったく違ってきます。「へぇ～」「ほぉ～」「ふぅ～ん」といった声で感情を出してみてください。

さらに一歩上のあいづちは、**共感や同調を意識したあいづち**です。たとえば、「最近、忙しいなぁ」「そうだよね。

私も」「だよね、ちょっと聞いてよ」などといった同調効果によって話が弾んでいきます。さらに共感が強ければ、話が加速します。

5．3S理論

相手の話の最後に、「すごい」「最高」「素敵」と付け加えるだけで会話が盛り上がり、相手が気持ちよくなります。

そしてさらに、その上があります。それは、**「3S」＋「理由」**を尋ねることです。

たとえば、「すごいですね。どうしてそんなことができるんですか」と理由を聞いてあげると、相手が気持ちよくなり、さらに話が続きます。その時は間違いなく、あなたに対する好感度は高くなっています。

沈黙が怖いなら、自ら話さなくても、相手に話させる工夫をしてみるのです。それが「沈黙は話し上手」ということです。

■３Ｓ理論で話を一気に加速させる

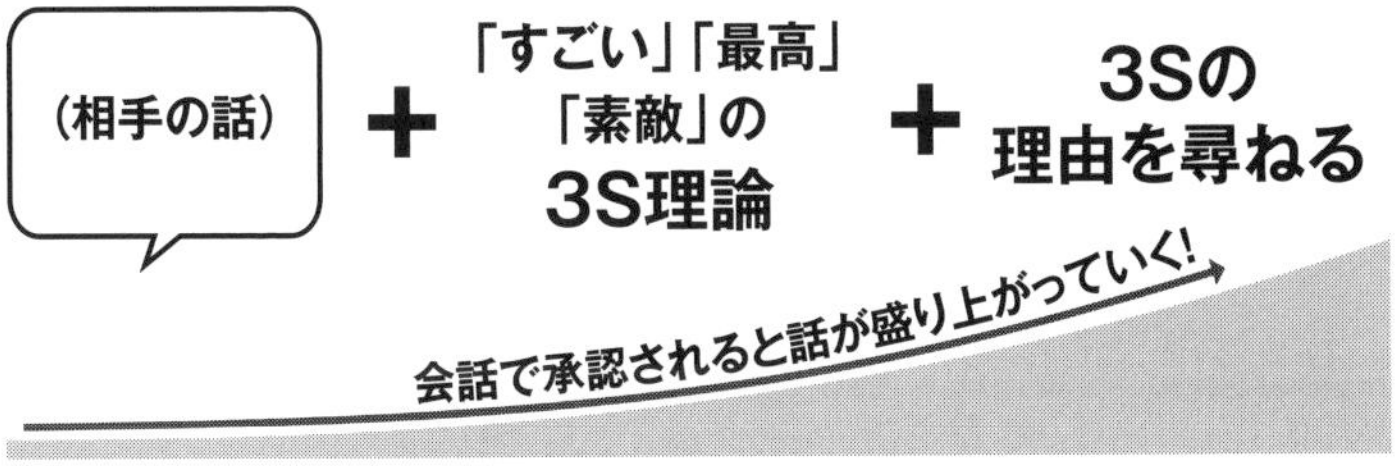

あいづちで、さらに盛り上がりが加速する

著者紹介

堀内裕一朗（ほりうち・ゆういちろう）

L&Dコミュニケーションズ株式会社代表取締役社長
NPO法人ビジネスコミュニケーション協会代表理事
愛知東邦大学　非常勤講師「コミュニケーション技能」
MBA（経営学修士）・産業カウンセラー
愛知県出身。南山大学大学院修了。1996年、株式会社NTTドコモ勤務を経て1998年、エネルギー関連企業に転職。代表取締役副社長として、経営戦略・人事の掌握のために行動心理学を学び、社員とのコミュニケーションを重視、従業員満足を高め、常に動きのある組織に変化させながら新事業を成功へと導き、売上高200億円を達成。
2010年にMBA取得後、L&Dコミュニケーションズ株式会社を設立。「伝える・伝わる・理解する」話し方講座では、累計1000人以上の経営者やリーダーに話し方やコミュニケーションを指導。著者自身、あがり症で悩み、心理学を取り入れながら克服した経験を生かし、多くの人に「伝える・伝わる」話し方を指導する。
また、人材育成コンサルタントとして、年間100本以上のセミナー、講演、研修を全国で展開。特に、「話し方で人も組織も変わる」「ポジティブ･コミュニケーション」「PEPトークでモチベーション・スイッチ」といったテーマで好評を博している。

超解 話《はな》し方《かた》ひとつで
面白《おもしろ》いほど仕事《しごと》がうまくいく本《ほん》

〈検印省略〉

2016年　11月　25日　第　1　刷発行

著　者――堀内 裕一朗（ほりうち・ゆういちろう）
発行者――佐藤 和夫

発行所――株式会社あさ出版

〒171-0022　東京都豊島区南池袋 2-9-9 第一池袋ホワイトビル 6F
電　話　03（3983）3225（販売）
　　　　03（3983）3227（編集）
F A X　03（3983）3226
U R L　http://www.asa21.com/
E-mail　info@asa21.com
振　替　00160-1-720619

印刷・製本　美研プリンティング（株）

facebook　http://www.facebook.com/asapublishing
twitter　http://twitter.com/asapublishing

ISBN978-4-86063-925-9 C2034